Joachim Kahl
Humanismus

Joachim Kahl

Humanismus

Eine Einladung

Tectum Verlag

Joachim Kahl
Humanismus
Eine Einladung

© Tectum Verlag – ein Verlag in der Nomos Verlagsgesellschaft,
Baden-Baden 2021

ISBN: 978-3-8288-4597-8
ePDF: 978-3-8288-7660-6

Umschlag: Tectum Verlag, unter Verwendung einer Fotografie der Großplastik „Man Walking to the Sky (Himmelsstürmer)" von Jonathan Borofsky;
© der Fotografie: Joachim Kahl

Gesamtverantwortung für Druck und Herstellung
bei der Nomos Verlagsgesellschaft mbH & Co. KG

Printed in Germany

Alle Rechte vorbehalten

Besuchen Sie uns im Internet
www.tectum-verlag.de

Bibliografische Informationen der Deutschen Nationalbibliothek
Die Deutsche Nationalbibliothek verzeichnet diese Publikation in der Deutschen Nationalbibliografie; detaillierte bibliografische Angaben sind im Internet über http://dnb.d-nb.de abrufbar.

Umschlagabbildung: Der Himmelsstürmer („Man walking to the sky") Großplastik von Jonathan Borofsky auf dem Vorplatz des Kasseler Kulturbahnhofs

Seit 1992 steht in der nordhessischen Metropole ein Kunstwerk, das die Stadt mit Spendengeldern gekauft hat, nachdem es bei der documenta IX eine starke positive Resonanz ausgelöst hatte: der „Himmelsstürmer" des US-amerikanischen Künstlers Jonathan Borofsky (geboren 1942). Die Skulptur besteht aus einem schräg gen Himmel weisenden Stahlrohr, auf dem ein Mann in gelber Hose und lila Hemd eiligen Schrittes nach oben stürmt. Die Röhre von 25 Metern Länge und 50 Zentimeter Durchmesser weist einen Neigungswinkel von 63 Grad auf. Etwa am Beginn des obersten Drittels befindet sich der Mann, der scheinbar unaufhaltsam nach oben strebt. An ihm, seiner Gestik und seinem Platz, haftet der ideelle Gehalt der Installation. Ihm gilt mein Interpretationsvorschlag.

Der Künstler gestaltet das menschliche Streben nach Höherem und platziert die männliche Figur (die er auf einer gleichartigen Skulptur in Straßburg durch eine Frau ersetzt hat) auf einem schmalen Rohr. Auf den ersten Blick entsteht ein optimistischer Eindruck im Sinne der olympischen Ideale *höher, weiter, schneller*. Von niemandem wird sich der Mann aufhalten lassen wollen. Jedoch drängt sich rasch die Erkenntnis auf: Bei der leisesten Unaufmerksamkeit kann die Gestalt jederzeit die Balance verlieren und abstürzen. Und selbst wenn sie unbeschadet oben ankommt, auch dort droht ein Absturz. Denn das Rohr hört einfach auf ohne ein erkennbares Ziel. Der Mann ist zwar mutig, ja waghalsig, aber menschlicher Fortschritt geht anders. Er ist ein komplexer Lernprozess und verläuft daher nicht strikt geradlinig, sondern in Etappen mit Rast- und Ruhepunkten und etwaigen Umwegen und Fehlschlägen. Eine Besinnung über Weg und Ziel unterbleibt. Kein Gedanke an Irrtum oder mögliche Sackgassen wird verschwendet. Es fehlt die Einsicht, dass alles Verändern auch ein Bewahren einschließt.

Der altrömische Sinnspruch „Per aspera ad astra." („Auf rauen Pfaden zu den Sternen") war klüger und weiser. Ob Borofsky die objektive Warnung, die in seiner Arbeit steckt („So geht es nicht!"), bewusst war, muss hier offen bleiben.

„Eine jüdische Mutter hat mich geboren,
Deutschland hat mich genährt,
Europa mich gebildet,
meine Heimat ist die Erde,
die Welt mein Vaterland."

*Ernst Toller: Eine Jugend
in Deutschland (1933)*[1]

Dieter Gabrian (Marburg),
Arthur Wagner (Homberg/Ohm),
und Helmut Walther (Nürnberg)
mit Dank und in Freundschaft

Inhalt

Was ist Humanismus?	1
Antigone – die erste namentlich bekannte Humanistin	3
Humanismus avant la lettre (vor Ausbildung des Begriffs)	5
Der kosmische Rahmen	9
Caspar David Friedrich „Mönch am Meer". Über die existentielle Grundeinsamkeit des Individuums in der grenzenlosen Natur	21
Pieter Bruegel „Landschaft mit Sturz des Ikarus". Nachdenken über die Bahnen des Lebens	27
„Stein des guten Glücks" neben Goethes Gartenhaus im Park an der Ilm. Beweglichkeit auf festem Fundament. Goethes nonverbale Botschaft zur Lebenskunst, vergegenständlicht im „Stein des guten Glücks"	35
Im kleinen und im großen Weltgetriebe. Humanistische Perspektiven auf das Abenteuer des Menschseins	39
Leitmotive humanistischer Weltdeutung und Lebenskunst	45
Edvard Munch „Der Schrei" – Deutungsversuch zu einem Jahrhundertbild	51
Differenzierende Totalitarismus-Theorie	55

Von Größenwahn und der Schwierigkeit, ein menschliches Maß zu finden	63
Vier Porträtskizzen exemplarisch ausgesuchter starker Persönlichkeiten mit humanistischem Profil	69
Bertha von Suttner	69
Olympe de Gouges	72
Fritz Bauer	76
Nelson Mandela	80
Freiheit im Leben – Freiheit zum Tode	85
Plädoyer für die Freigabe einer „Letzter-Wille-Pille", d. h. Plädoyer für die Ermöglichung eines sanften und sicheren Sterbens ohne Begutachtung und Begleitung durch Mediziner und Psychologen	101

MEISTERWERKE DER BILDENDEN KUNST MIT HUMANISTISCHER AUSSAGE   105

Die Selbstentdeckung männlicher Individualität auf der Schwelle zur Moderne. Dürers Selbstporträt als Akt	107
Verletzbarkeit und Selbstbehauptung. Frida Kahlos Selbstbildnis „Die gebrochene Säule" (1944). Ein Sinnbild menschlicher Grundbefindlichkeit	115
Tizians „Toilette der Venus" – Stoisch-epikureische Selbsterkenntnis vor dem Spiegel, belohnt mit einem Siegeskranz. Interpretation zu einem Meisterwerk der italienischen Hochrenaissance	121
Grenzen der Liebe. Zwischen Begehren und Verweigern. Bildmeditation zu Max Beckmanns „Odysseus und Kalypso" (1943)	127

„Die Jungfrau züchtigt den Jesusknaben vor drei Zeugen".
Interpretation zu Max Ernsts Skandalbild von 1926   135

Zusammenfassender Ausblick. Humanismus als Dreiklang:
Weltvergnügen – Weltschmerz – Weltethos   143

Alles in allem   157

Anmerkungen   159

Abbildungsverzeichnis   161

Was ist Humanismus?

Wie alle allgemeinen Begriffe ist auch der Humanismusbegriff unvermeidlich vieldeutig und vielschichtig, ja heftig umstritten. Im Folgenden soll hier darunter ein kulturelles Projekt verstanden werden, das – in Theorie und Praxis – um Wohlergehen und Würde des Menschen kreist, also empirisch und normativ orientiert ist. Insofern sich Würde und Wohlergehen auf das Einzelwesen und eine Vielzahl – möglichst die Gesamtheit – der Menschen, beziehen, ist Humanismus zugleich individualistisch und universalistisch. Drei weitere Präzisierungen sind nötig, um Missverständnisse möglichst fernzuhalten.

Unbeschadet aller Anthropozentrik des hier Erörterten ist stets die gewaltige Disproportion im Verhältnis von Mensch und Welt zu beachten. Im unermesslichen All fällt der Menschheit nur die winzige Rolle eines kurzen Gastspiels auf einem Staubkorn zu. Allerdings hat sie gleichwohl eine Sonderstellung im Reich des Lebendigen inne, die in unserer gehirnbasierten schier grenzenlosen Neugier und Erkenntnistätigkeit fundiert ist. Sonderstellung gegenüber allen Tieren ja, Mittelpunktstellung nein. Das Weltall hat keinen Mittelpunkt.

Als Erbteil aus unserer Vorgeschichte in der Evolution der Organismen sind in uns sowohl kooperative wie auch aggressive

Potentiale angelegt. Ein humanistisches Ethos begünstigt und fördert die kooperativen Möglichkeiten, ohne zu übersehen, dass aggressive Strebungen sinnvoll sein können, wenn sie im Dienste einer legitimen Selbstbehauptung stehen. Wie es bleibend richtig ein Slogan der 68er-Zeit formuliert: „Wer sich nicht wehrt, lebt verkehrt."

Die hier vorgestellte Spielart des Humanismus ist erklärtermaßen atheistisch, inspiriert von den Grundeinsichten einer Jahrtausende alten Religionskritik, die den illusionären Charakter allen Gottes- und Götterglaubens schon früh geahnt hat. Freilich bejaht und praktiziert sie – weil Humanismus – die Toleranzideen Voltaires und Lessings und tritt daher konsequent für Religionsfreiheit ein – in ihrer positiven wie negativen Gestalt.

Antigone – die erste namentlich bekannte Humanistin

Die Geburtsstunde eines theoretisch reflektierten Humanismus schlug in der Mitte des fünften vorchristlichen Jahrhunderts in Griechenland. Der Dichter Sophokles schuf in seinem Drama „Antigone" eine Titelheldin, die tapfer gegen die Tyrannei des Königs Kreon von Theben, ihres Onkels, Widerstand leistete. Ihr legte er die ehernen Worte in den Mund: „Nicht mit zu hassen, mit zu lieben bin ich da."[2] (Vers 523) Das abendländische Humanitätsideal kam aus dem Mund einer starken Frau, schnörkellos formuliert in Schönheit und Gültigkeit. In demselben Schauspiel benennt der Chor, der im altgriechischen Theater das Geschehen begleitet und feierlich kommentiert, einen nicht minder wesentlichen Aspekt des Humanismus: die Ungeheuerlichkeit und Doppelgesichtigkeit des Menschen, der mit seinen großen Gaben fähig ist zum Guten wie zum Bösen.

„Zahlreich ist das Ungeheure, doch nichts ungeheurer als der Mensch." (Verse 332/333) „Unbewandert in nichts geht er ins Künftige. Vor dem Tod allein wird er kein Entrinnen gewinnen. Aus früher unbezwinglichen Krankheiten aber ersann er sich ein Entrinnen. Die Erfindungsgabe der Kunst als Geschicklichkeit über die Hoffnung hinaus besitzend, schreitet er bald zum Bösen, bald zum Guten." (Verse 360–367)

Etwa zur gleichen Zeit erfasste in Ephesos der Philosoph Heraklit die Vergänglichkeit aller Dinge, aller einzelnen Dinge, was später im Satz „Alles fließt" genial zusammengefasst wurde. Er war es auch, der bereits die Unerschaffenheit und Unerschaffbarkeit der Welt formulierte. „Diese Welt, die für alle dieselbe ist, hat weder der Götter noch der Menschen einer gemacht, sondern sie war immer und wird immer sein, ein ewig lebendiges Feuer, nach Maßen sich entzündend und nach Maßen verlöschend." (Fragment 30)[3] Heraklits bleibende Einsichten sind in das Konzept des hier vertretenen Humanismus eingegangen.

Humanismus avant la lettre (vor Ausbildung des Begriffs)

Lange vor der namentlich identifizierbaren theoretischen Artikulation humanistischer Ideen und Handlungen gab es bereits namenlose Errungenschaften, die Last und Härte der menschlichen Existenz mildern halfen. Mit Fug und Recht können sie als Beispiele eines „Humanismus avant la lettre" bezeichnet werden. Die Zähmung des Feuers, das zunächst als lebensbedrohliche Naturgewalt (etwa als Blitzschlag) erfahren wurde, ist hier an erster Stelle zu nennen. Im griechischen Prometheus-Mythos ist das Echo dieses zivilisatorischen Fortschritts aufbewahrt. Feuer im Dienste des Menschen hielt nicht nur gefährliche Tiere, namentlich nachtaktive, fern. Es vermittelte auch Wärme und menschliche Nähe um die Feuerstelle herum. Zugleich verhalf es auch zu einer folgenreichen Revolution in der Nahrungszubereitung.

„Der Mensch ist, was er isst." (Ludwig Feuerbach)

Die Kunst des Kochens, Garens und Bratens löste das Verschlingen von rohem Fleisch und rohen Feldfrüchten ab. Dadurch verkleinerten sich Gebiss und Kiefer. Unser flaches Gesicht entstand. Vor allem aber wurden die Verdauung gefördert und ein erhebliches Gehirnwachstum begünstigt. Damit entstanden die körperlichen Grundlagen für den qualitativen geistigen Vorsprung des Menschen vor der Tierwelt, aus der er hervorgegangen ist. Der materialistische Philosoph Ludwig Feuerbach hat in der Mitte des 19. Jahrhunderts diesen komplexen Sachverhalt auf hohem Abstraktionsniveau in die Worte gekleidet: „Der Mensch ist, was er isst."

Die Erfindung des Faustkeils, die Erfindung von Wurfspieß und Pfeil und Bogen als entscheidende Distanzwaffen, die Erfindung des Rades, die Domestikation von Pferd und Hund, den bis heute treuesten Gefährten des Menschen im Tierreich, die Erfindung der Schrift und nicht zuletzt die Erfindung der Zahlenwelt (inspiriert durch die zehn Finger) – sie alle dienten und dienen dem menschlichen Wohlergehen, der Selbstbehauptung und Fortbewegung in einer Welt, die immerwährende Gefahren und Risiken für uns Menschen bereit hält.

Die Natur bleibt als Ganzes unbeherrschbar

Die in diesem Zusammenhang eingebürgerte Rede von einer anzustrebenden Herrschaft des Menschen über die Natur führt allerdings in die Irre. Die Natur (als Ganzes) ist und bleibt unbeherrschbar. Es gibt nur eine teilweise Herrschaft über einzelne Naturkräfte, wie beispielsweise Glanzpunkte in Medizin und Pharmazie belegen. Jeder nicht gestreute Fußweg mit Glatteis demonstriert, wie hinfällig unser aufrechter Gang ist. Jeder Nebel mit Sichtweite unter fünfzig Metern zeigt die Grenzen unserer Mobilität gebieterisch auf. Das Coronavirus – nur unter dem Mikroskop sichtbar – demonstriert, nicht zuletzt mit seinen Mutationen, welche todbringende Macht es ausübt. Wir lernen: Keine gütige Hand, kein hilfreicher göttlicher Geist lenkt die Natur zugunsten des Wohlergehens ihrer Geschöpfe. Gnadenlos sind sie ihr ausgeliefert, sofern sie sich nicht zu wehren wissen.

Die Erfindung des Geldes, die die Fähigkeit zu zählen und zu rechnen voraussetzt, gehört in diesen frühen Kontext menschlicher Selbstorganisation. Im Prozess wachsender Arbeitsteilung bildete es sich als universales Tauschmittel heraus und löste den einfachen Naturalientausch „Rind gegen Pferd" ab. Dadurch wurde vieles erleichtert, Freiheit und Individualität wurden befördert. Am Geld und seiner Verteilung hingen und hängen Wohl und Wehe der Menschheit. Der Streit darum, was ein gerechter Tausch, eben ein Äquivalententausch sei, füllt die Geschichte und ist nicht ein für alle Mal zu lösen. Als abstrakt vergegenständlichter Wert von Naturgaben und menschlicher Arbeit ist Geld seit langem unverzichtbares Mittel zum Leben, aber eben deshalb auch Hebel und Beute schwärzester Verbrechen – vor allem durch die Möglichkeiten des Betrugs und der Übervorteilung, die ihm gesteigert innewohnen (zum Beispiel durch Falschgeld und Schwarzgeld). Am Geld hängen bevorzugt Gier, Maßlosigkeit und Skrupellosigkeit einerseits und ausbeuterische Hungerlöhne und Armut andererseits.

Der kosmische Rahmen

Die aufmerksame Betrachtung des Himmels bei Tag und bei Nacht ist die älteste Schule der Weltweisheit, freilich auch Quelle langlebiger Illusionen und Projektionen, geboren aus ungezügelten Wunschphantasien. Dank seiner unerreichbaren Ferne und seines hartnäckigen Schweigens konnte der Himmel mythologisch aufgeladen werden zum Wohnort eines Gottes oder von Göttern (und Göttinnen) mit einem Hofstaat aus Engeln. Nach ihrem Tode fänden dort die erlösten Menschen ihre ewige Heimat. Mit einiger Kunstfertigkeit konnten zufällige Sternkombinationen als tiefgründige Sternbilder gedeutet werden, obwohl sie nur zufällige vergängliche Gegebenheiten aus Tier- und Menschenwelt spiegelten und zu späteren Zeiten und in anderen Kulturen nicht mehr oder nur schwer verständlich waren.

Eine singuläre Erfolgsgeschichte in dieser Hinsicht – global und kulturübergreifend – hat die Bezeichnung Milchstraße (Galaxis) erlebt. Das breit über den Himmel gezogene flache Band von Milliarden weiß leuchtender Sterne wurde – in überbordender Phantasie – als die Muttermilch der Göttin Hera, der Gattin des Zeus, gedeutet. Als der kleine Herakles zu ungestüm an ihrer Brust zu saugen versuchte, sei versehentlich ihre Milch an den Himmel verspritzt. („Gala" heißt Milch im Griechischen). Jahrtausendelang gingen Astronomie und Astrologie Hand in Hand. Selbst der geniale Isaac Newton, dem im 17. Jahrhundert die bahnbrechende Entdeckung der Schwerkraft zufiel, hielt noch an gewissen astrologischen Deutungen der Himmelsmechanik fest.

Himmel nur noch physikalischer Begriff

Im Rahmen des hier vorgestellten Humanismus ist das Wort „Himmel" nur noch ein physikalischer, astronomisch-meteorologischer Begriff. Er bezeichnet einen grenzenlosen Ort, dem jegliche Wohlfühl- oder gar Heilsqualität fehlt. Dies ist das Ergebnis einer jahrhundertelang währenden Entzauberung des Kosmos, die von kirchlichen Instanzen wie der Inquisition vielfach blutig behindert wurde. Spektakulär war die Verbrennung des Pantheisten Giordano Bruno 1600 in Rom auf dem Scheiterhaufen bei lebendigem Leibe vor dem versammelten und freudig erregten Kardinalskollegium. Er wurde hingerichtet, weil er ein unendliches und unerschöpfliches Weltall lehrte.

Tief saß der Schock, den das kopernikanische Weltbild mit seinen Erweiterungen bei vielen auslöste. Bekannt und oft zitiert ist ein Satz, den Blaise Pascal (1623–1662) in seinen berühmten „Gedanken" („Pensées") zum Besten gab: „Das ewige Schweigen dieser endlosen Räume lässt mich erschrecken." („Le silence éternel de ces espaces infinis m'effraie.") (Zeile 206, eigene Übersetzung)[4] Darüber hat sich bereits Voltaire mokiert, dem es rasch gelang, sich mit dem neuen Weltbild vertraut zu machen und es sich kognitiv und emotional anzueignen.

Voltaires[5] Weltraumerzählung Micromégas – was klein oder was groß ist, alles ist relativ

In seiner kurzen Weltraumerzählung aus dem Jahr 1752 „Micromégas" (so lautet der französische Titel auch in der deutschen Übersetzung: „Kleingroß") lässt Voltaire den Titelhelden, einen Bewohner des Sirius in Riesengröße, zu einer Bildungsreise durch den Weltraum aufbrechen. Von Planet zu Planet eilend, findet er schließlich auf dem Saturn einen Gefährten, mit dem er philosophische Gespräche führen kann. Auf die Frage nach seinem Alter antwortet der Saturnier mit Bedauern: nur etwa „fünfzehntausend Jahre". „Sie sehen wohl, dass das fast in dem Augenblicke sterben heißt, in dem man geboren wird. Unser Dasein ist ein Punkt, unsere Dauer ein Augenblinken, unsere Weltkugel ein Stäubchen; kaum hat man angefangen, ein wenig zu lernen, so kommt auch schon der Tod, noch ehe man irgendwelche Erfahrungen gesammelt hat." (413)

Bereits hier wird der Sinn des Titels klar: Was klein ist und was groß, ist höchst relativ. Nach einigen Millionen weiterer Meilen ihrer Reise sehen die beiden Gefährten in der Ferne ein kleines Licht, das sich als die Erde erweist. Laut lacht der Siriote über die Winzigkeit der Menschen, die nur unter einem Vergrößerungsglas erkennbar sind. Das verächtliche Lachen wandelt sich rasch in eine erstaunte Bewunderung, als die Menschen mathematisch exakt die Größe ihrer Besucher messen. Der Siriote nennt sie fortan respektvoll die „geistbegabten Atome" (429). Sehr bald allerdings bemerken die beiden Weltraumbesucher, dass die Atome nicht nur „geistbegabt" sind, sondern auch grausam. Erbarmungslos führen sie Kriege gegeneinander um einiger lächerlicher Ländereien willen. Bald erfüllt großes Mitleid die beiden Gäste für die so widersprüchlichen Menschlein. Dieses Mitleid schlägt um in Zorn, als ein Philosoph ihnen unter Berufung auf Thomas von Aquin die christliche Lehre vermitteln will, „dass sie selber und ihre Monde, ihre Sonnen, ihre Sterne und alles einzig für den Menschen gemacht sei" (435). Die Riesen aus dem All brechen daraufhin in ein homerisches Gelächter aus und stellen fest, „dass die unendlich Kleinen einen fast unendlich großen Dünkel besaßen" (435). Als ein klug überlegtes Abschiedsgeschenk überreichen sie ihnen daher ein „schönes philosophisches Buch", das der Frage nach Sinn und Zweck von allem gewidmet ist. Es enthält lauter „leere Blätter" (436).

Ein Buch mit lauter leeren Blättern

Die leeren Blätter des Buches symbolisieren die Sinnleere der Welt, nicht zu verwechseln mit einer Sinnlosigkeit der Welt, die Voltaire nicht vertritt. Er ist kein Nihilist. Die Welt ist sinnleer, nicht sinnlos, eben deshalb sinnfähig, sinnfähig durch menschliche Tätigkeit. Seine bekannteste Erzählung „Candide oder über den Optimismus" (1759) endet dementsprechend mit den Worten: „Wir müssen unseren Garten bestellen." („Il faut cultiver notre jardin.") (281) Kurz vorher erklärt diesen Appell sein Gefährte Martin folgendermaßen: „Arbeiten wir, ohne zu grübeln, es ist das einzige Mittel, das Leben erträglich zu machen." (280) Arbeiten, ohne zu grübeln (im Französischen „sans raisonner"), soll heißen: arbeiten, ohne sich in vergebliche metaphysische Spekulationen zu verlieren. Im 20. Jahrhundert hat Erich Kästner dieses humanistische Ethos in das geniale zweizeilige Epigramm gekleidet: „Es gibt nichts Gutes, außer man tut es."

Die unendlichen Räume des schweigenden Weltalls konnten dem gläubig katholischen Mathematiker Blaise Pascal Entsetzen einjagen, weil er emotional am vorkopernikanischen Weltmodell hing. Darin war irrigerweise alles viel kleiner und gemütlicher vorgestellt, ja der Himmel selbst rühmte noch die Herrlichkeit seines göttlichen Schöpfers, wie es Psalm 19 besang. Das alles wurde nun hinfällig, und ein kosmologischer Geborgenheitsverlust breitete sich aus. Die „Rede des toten Christus vom Weltgebäude herab, dass kein Gott sei" aus der Feder des deutschen Dichters Jean Paul verlieh (1796) diesen Ängsten eine faszinierende literarische Gestalt. Ausgerechnet der christliche Offenbarer, der als solcher ja die Wahrheit sagt, verkündet in diesem bizarren Text die Gottesleere, die Gottlosigkeit, des Weltalls. Christus fliegt durchs All, aber nirgendwo begegnet ihm Gott. Der moderne Transzendenzverlust bahnt sich seinen Weg, der im zwanzigsten Jahrhundert, namentlich nach dem Zweiten Weltkrieg, als „transzendentale Obdachlosigkeit" oder religiöse „Unbehaustheit" debattiert wurde.

Kant: *Gebt mir nur Materie*

Es gab aber auch andere Wege, der kosmologischen Desillusionierung zu begegnen und ihr standzuhalten. Da die endlosen

Entfernungen nicht zu leugnen waren, wurden sie nicht länger als bedrohlich, sondern als erhaben interpretiert. Ein Schlüsseltext hierzu ist das Diktum Kants[6] vom „bestirnten Himmel über mir", der in gleicher Weise wie „das moralische Gesetz in mir" das „Gemüt mit immer neuer und zunehmender Bewunderung und Ehrfurcht" erfülle. (Schlusskapitel zur „Kritik der praktischen Vernunft", 300). Ausdrücklich fügt er hinzu, dass er mit Himmel „das unabsehlich Große mit Welten über Welten und Systemen über Systemen" meine, „überdem noch in grenzenlose(n) Zeiten ihrer periodischen Bewegung" (300). Was in Pascal Entsetzen auslöste, weckte bei Kant Ehrfurcht und Bewunderung. Seine Epoche machende Schrift „Allgemeine Naturgeschichte und Theorie des Himmels" (1755) enthält den stolzen Satz *„Gebt mir nur Materie, ich will euch eine Welt daraus bauen."* (236) Dies gelänge ihm allein mit den von Newton erkannten Kräften der „Attraktion und Repulsion", der Anziehung und der Abstoßung der Körper.

Kants Schüler und späterer Kritiker, Johann Gottfried Herder, entwickelte seine Philosophie der Humanität ebenfalls in einem kosmischen Kontext. Auf dem Boden des Wissens seiner Zeit legte er seine „Ideen zur Philosophie der Geschichte der Menschheit" (1784–1791) dar. Dessen erste vier Kapitel tragen die programmatischen Titel: „1. Unsre Erde ist ein Stern unter Sternen. 2. Unsre Erde ist einer der mittleren Planeten. 3. Unsre Erde ist vielerlei Revolutionen durchgegangen, bis sie das, was sie jetzt ist, worden. 4. Unsre Erde ist eine Kugel, die sich um sich selbst und gegen die Sonne in schiefer Richtung dreht." Für einen Theoretiker, dessen Broterwerb eine kirchenleitende Tätigkeit als protestantischer Geistlicher war, erstaunliche Einsichten! Freilich hatte Herder nicht nur die Bibel studiert, sondern auch Spinoza, und er hatte manche Bildungsreisen mit vielen prägenden Erfahrungen in ganz Europa absolviert. So war er in Paris mit den Enzyklopädisten Denis Diderot und Jean d'Alembert in Austausch getreten.

Goethe setzte sich erfolgreich für Herders Berufung zum Generalsuperintendenten in Weimar ein. Neben den erwähnten „Ideen" sind seine „Briefe zur Beförderung der Humanität" in zwei Bänden (1793–1797) zu erwähnen. Sie gehören zu den klassischen Texten einer Philosophie des Humanismus und zeichnen sich unter anderem dadurch aus, dass sie Menschenrechte und Menschenpflichten als gleichrangig und gleichverbindlich behandeln.

Keine Erde ohne Sonne

Die Sonne ist der wichtigste Himmelskörper für uns Menschen und hat unsere Neugier und Phantasie am meisten beflügelt. Mit Recht, denn sie ist in der Tat – dank der kontinuierlichen Abstrahlung von Wärme und Licht – Ursprung und Garant allen Lebens auf diesem Planeten. Die Sonnenstrahlung entsteht durch Kernfusion, Wasserstoffatome verwandeln sich in Heliumatome und erzeugen dabei eine ungeheure Hitze. Ohne Sonne wäre die Erde eiskalt und stockdunkel, ja sie wäre nicht einmal da. Denn Sonne und Erde wurden gemeinsam aus einem solaren Urnebel, einer Gas- und Staubwolke, herausgeschleudert, wobei die Sonne im Endergebnis als Zentralgestirn mehrere

Planeten um sich versammelte. Seit Jahrmilliarden umkreist die Erde die Sonne, und seit Jahrmilliarden hat die gleichmäßige Bestrahlung der Erde durch die Sonne die Evolution des Lebendigen hervor gekitzelt. Die gesamte Biomasse von ihren primitivsten bis zu ihren komplexesten Formen verdankt sich dem Sonnenlicht und der Sonnenwärme, die im „richtigen" Abstand auf unseren Planeten auftrafen und auftreffen – nicht zu heiß und nicht zu kalt.

Alles menschliche und tierische Zurechtfinden in Raum und Zeit beruht auf der Sonne und der Rotation der Erde um die Sonne. Wenn die Erde die Sonne einmal umrundet hat, ist – gemäß menschlicher Festsetzung – ein Jahr vergangen. Gleichzeitig dreht sich die Erde um sich selbst. Wenn sie sich einmal um sich selbst gedreht hat, sind ein Tag und eine Nacht vergangen, 24 Stunden, ebenfalls nach menschlicher Festsetzung.

Dieser große Tag- und Nachtrhythmus prägt unser Wach- und Schlafbedürfnis und teilt insofern unser Leben ein, das in den solarterrestrischen Gegebenheiten fundiert ist. Diese merken wir oft gar nicht mit den Sinnen, sondern sie erschließen sich erst theoretischer Reflexion, etwa der Sachverhalt, dass wir uns ständig mit der Erde in rasender Geschwindigkeit drehen. Die Sonnenwendfeiern vieler Völker in der Mittsommer- und in der Mittwinterzeit hatten auch den Sinn, diese kosmische Einbettung der Menschen bewusst zu machen und bewusst zu halten. Ein weltlicher Humanismus auf der Höhe der Zeit sollte sich klugerweise dieser Tradition erinnern und sie nicht anderen kulturellen Gruppen mit fragwürdigen Zielen überlassen.

Sonnengesang des Pharao Echnaton

Als künstlerischer Bestandteil solcher Feiern bieten sich Gedichte und Lieder zum bewundernden Lobe der Sonne an. Deren erstes war der prachtvolle Sonnengesang des altägyptischen Pharao Amenophis IV., genannt Echnaton (um 1360 vor Beginn der christlichen Zeitrechnung). Er beginnt mit den Worten: „Wenn du in voller Schönheit aufsteigst, o lebendige Scheibe, dann beginnt das Leben."[7] (177) Liebliche Poesie und nüchterne Diesseitigkeit verbinden sich. Keine phantastischen Jenseitserwartungen, wie sie sonst in der altägyptischen Religion vorherrschen, werden ausgemalt. Entstanden in einer singulären Epoche der Aufklärung, gilt der Text als frühestes Zeugnis des Monotheismus. Er ist also wesentlich älter als der mosaische Monotheismus, der zudem eingebunden war in den Erwählungswahn Israels, wonach Jahwe mit „seinem" Volk einen ewigen Bund geschlossen habe.

In unseren Tagen hat die österreichische Autorin Ingeborg Bachmann ein wunderbares Gedicht „An die Sonne"[8] verfasst. Es beginnt mit den Worten:

„Schöner als der beachtliche Mond und sein geadeltes Licht,
Schöner als die Sterne, die berühmten Orden der Nacht,
Viel schöner als der feurige Auftritt eines Kometen
Und zu weit Schönrem berufen als jedes andere Gestirn,
Weil dein und mein Leben jeden Tag an ihr hängt, ist die Sonne."

Und etwas weiter unten folgt der enthusiastische Satz: „Nichts Schönres unter der Sonne als unter der Sonne zu sein ..." (146) So ist es. Wir sind Kinder der Sonne, Kinder der Erde, Kinder des Kosmos, kosmische Wesen, gemacht aus demselben Stoff, aus dem auch der Kosmos besteht. Was auch immer Astronomie und Weltraumfahrt in ihren dynamischen Erkenntnisfortschritten noch zu Tage fördern werden über schwarze Löcher, Metagalaxien und andere Aspekte des Alls, dieser Sachverhalt ist unverrückbar: Unsere Heimat, unser Ursprung ist die Erde. Ob es auf anderen Planeten in anderen Sonnensystemen Wesen unserer oder ähnlicher Art gibt, ist gut möglich, aber angesichts der Entfernungen schwer zu sagen.

Wir leben auf einem Staubkorn im Weltall, einem Weltall ohne Rand und ohne Mitte, ohne Oben, ohne Unten. So unbedeutend das Staubkorn Erde auch ist im Weltall – dank der Sonne und ihrer menschenfreundlichen Feinabstimmung mit der Erde – ist diese zu einer biologischen Nische geworden. Wir befinden uns auf einem bevorzugten Logenplatz, von dem aus wir Einblicke in das grandiose Schauspiel im großen Welttheater nehmen können. Im menschlichen Geist kommt die Natur zum Bewusstsein ihrer selbst und erkennt sich selbst, freilich nur schrittweise und ausschnittweise und vor Irrtümern nie sicher.

Geh mir aus der Sonne

Eine heitere philosophische Sonnenanekdote möge diese Überlegungen beschließen. Als der altgriechische Herrscher Alexander der Große einst auf dem Marktplatz von Korinth den Philosophen Diogenes in seiner Tonne liegen sah, sprach er leutselig: „Diogenes, du hast einen Wunsch frei." Darauf Diogenes: „Bitte, geh mir aus der Sonne." Darauf murmelte der junge Herrscher: „Wäre ich nicht Alexander, wäre ich gerne Diogenes."

Diogenes gehört im Übrigen auch in die Geschichte des Humanismus. Zwar nicht mit seinem übersteigerten Kult eines einfachen, ja bedürfnisarmen Lebens, das ihn freiwillig in einer Tonne hausen ließ, statt die Vorzüge eines Hauses mit Möbeln wahrzunehmen. Wohl aber mit seinem Weltbürgertum, zu dem er sich explizit bekannte. Er nannte sich „kosmopolites", das heißt Weltbürger, darin dem Zeitgeist folgend, der durch das Großreich des Alexander bis zum Indus geprägt war. Dieses Reich war eine frühe Stufe der Globalisierung, charakterisiert durch eine arrangierte Vermischung verschiedener europäischer und asiatischer Völkerschaften.

Caspar David Friedrich „Mönch am Meer". Über die existentielle Grundeinsamkeit des Individuums in der grenzenlosen Natur

Caspar David Friedrich bevorzugte die Positionierung der Hauptfigur auf der Mittelachse, bei diesem Gemälde wählte er allerdings den Goldenen Schnitt. Das Farbklima des Bildes, in dem sich auch sein Gemütsklima ausdrückt, ist eher monochrom, weniger heterochrom. Das soll heißen: Keine kontrastreichen Farben, die sich deutlich voneinander abheben, prägen das Bild, sondern ein einheitlicher grauer Grundton mit fließenden Übergängen. Das Bild ist Ton in Ton gestaltet, freilich mit erkennbaren Unterschieden. Weißlich-bräunlich erstreckt sich der Sandstrand. Bleiern gräulich, fast schwarz wogt das Wasser. In Variationen von Blau und Grau türmt sich der Himmel. So entsteht ein düsteres, unbehagliches Gefühlsklima. Kein mediterranes Meer, keine südländische Helligkeit und Heiterkeit strahlen uns entgegen. Caspar David Friedrich gestaltet ein nördliches Meer mit dunklen Wassern, ziehenden Wolken und düsteren Nebeln in fahlem Licht. Diese melancholische Stimmung, gepflegt vornehmlich in der englischen und deutschen Romantik, wird verstärkt durch weitere gestalterische Elemente. Es fehlt jegliche Vegetation. Nichts Grünes, kein Strandhafer, kein Strauch, kein Busch lockern den öden Sandstrand auf. Allenfalls dringt eintöniges Möwengeschrei an unsere Ohren. Falls der Mönch etwas gesagt oder gerufen hätte, vom Wehen des Windes und dem Rauschen der Wellen wäre es sofort verschluckt worden. Ein Kältehauch kommt uns entgegen. Die Landschaft hat nichts Arkadisches, nichts Idyllisches, nichts Liebliches. Eben dort, auf selbst gewähltem, vorgeschobenem Posten, steht der Mönch in aufrechter, männlicher Pose und schaut und sinnt. Schutzlos, nischenlos, obdachlos ist er mit sich selbst und der Unendlichkeit konfrontiert: zwar schmächtig und klein und zerbrechlich, aber nicht bedeutungslos. Denn er ist das einzige Lebewesen, das sich seiner Lage im Kosmos bewusst wird: eingebettet in die Natur als ein winziger Teil von ihr und doch ihr Gegenüber, die einzige Vertikale in einem Gefüge von Horizontalen.

Weshalb steht ein Mönch am Meer? Weshalb kein Seemann, kein Angler, kein Fischer, kein Netzflicker oder anderes Personal, das sonst die Seestücke Caspar David Friedrichs bevölkert? Anders als dieser Personenkreis ist der Mönch kein natürlicher Anwohner des Meeres. Er sucht es – auf Geheiß des Künstlers – eigens auf, weil er jene Haltung verkörpert, die allein gegenüber der Unendlichkeit angemessen ist: bedächtige, besinnliche Kontemplation, ehrfürchtiges Erschauern. In Bezug auf die Unendlichkeit gibt es kein praktisches Handeln, kein tätiges Eingreifen eines endlichen Wesens.

Warum ein Mönch?

Diese erste Antwort auf die Frage „Warum ein Mönch?" ist richtig, aber noch nicht hinreichend. Denn so sehr in Caspar David Friedrichs Bild die kontemplative Seite dominiert, das abendländische Mönchtum ist nicht durch Kontemplation allein charakterisiert. Benedikt von Nursia, der Vater des abendländischen Mönchtums, gab die sprichwörtlich gewordene Regel aus: „Ora et labora!", bete und arbeite. Das heißt: Der Mönch verkörpert exemplarisch beide Seiten, die zum menschlichen Leben gehören: Muße und Arbeit. Nach Max Webers großen religionssoziologischen Studien, denen ich hier folge, bildete sich im abendländischen (nicht im asiatischen!) Mönchtum eine wesentliche Etappe einer disziplinierten, rationalen Lebensführung heraus. Der Mönch war der erste modern lebende, weil rational planende Mensch, insofern er seinen Tag exakt nach dem Glockenschlag gestaltete. Der zeitliche Rhythmus des Aufstehens und Zubettgehens, des Gebets und der Arbeit war genau festgelegt und geregelt. Insofern ist Caspar David Friedrichs Mönch auch nicht am Meeresufer festgewachsen. Schon bald wird er wieder an die Pforte seines Klosters klopfen und in die geregelte Gemeinschaft seines Ordens zurückkehren. Auf unserem Bild wird der Mönch ohne jedes spezifisch christliche Glaubensattribut dargestellt. Weder faltet er die Hände noch beugt er die Knie. Das religiöse Heilssymbol des Kreuzes fehlt gänzlich.

Insofern ist es keine Fehl- oder Überinterpretation zu sagen: Der Mönch steht für das moderne, vereinzelte Individuum schlechthin. *Du bist der Mönch.* Caspar David Friedrichs Bild „Mönch am Meer" ist ein visionäres Bild mit ausgesprochen philosophischem Gehalt. Es stellt die existenzielle Grundeinsamkeit des Menschen im Universum dar. Zu einem reifen Lebensgefühl gehört die Einsicht in unsere Verlorenheit in der Natur, unsere Unbehaustheit in der Welt. Der Kunsthistoriker Eberhard Roters, dessen Werk „Jenseits von Arkadien. Die romantische Landschaft" ich manche Anregung verdanke, nennt unser Bild dort „das Altarbild des modernen Menschen"[9] Das ist mir zu kurz, zu eng, zu religiös gedacht. Denn es schließt alle jene vom Kunstgenuss aus, die inzwischen gelernt haben, ihr Leben ohne Altäre zu leben. Unbestreitbar hat Caspar David Friedrich als Auftragsarbeit für die Privatkapelle des Grafen von Thun-Hohenstein auch ein Altarbild gemalt. Der „Mönch am Meer" ist von anderer Art. Hier handelt es sich um ein modernes, ein weltliches Andachtsbild, ein Gemälde, vor dem wir andächtig, das heißt: an-denkend, nach-denkend, besinnlich uns unserer Kleinheit bewusst werden. Für das endliche Ich ist in der unendlichen Natur Demut die angemessene Haltung. Der Mönch nimmt sie mit Würde ein und integriert sich in das Allumfassende der Natur. Das Bild spricht unseren metaphysischen Sinn an: Es zeigt die geringe Stellung des Menschen im Ganzen der Natur. Dass wir diese Aussage im Sinne des Künstlers nicht misanthropisch, nicht menschenfeindlich missverstehen dürfen, zeigt sein Bild „Der Wanderer über dem Nebelmeer". Es komplettiert das ernüchternde Horizonterlebnis des Mönchs am Meer durch das beglückende Gipfelerlebnis dessen, der nach den Anstrengungen eines Aufstiegs einen klaren Rund- und Fernblick oberhalb der Nebelbänke genießt. Beide, der „Mönch" im Querformat und der „Wanderer" im Hochformat, gehören zusammen als zwei meisterhafte Gestaltungen derselben menschlichen Grundbefindlichkeit, für die Meer und Gebirge die einander ergänzenden Schauplätze abgeben.

Pieter Bruegel „Landschaft mit Sturz des Ikarus". Nachdenken über die Bahnen des Lebens

Das Bild „Landschaft mit Sturz des Ikarus" von Pieter Bruegel dem Älteren, dem sogenannten Bauernbruegel, ist um 1560 entstanden. Nachdem es Jahrhunderte lang verschollen war und erst 1912 auf dem Londoner Kunstmarkt wiederentdeckt wurde, hängt es heute im Musée des Beaux Arts in Brüssel als eine Hauptattraktion. Der niederländische Renaissancemaler greift darin ein Motiv der griechisch-mythischen Sagenwelt auf, das in Ovids „Metamorphosen" überliefert wurde, und verpflanzt es in seine Gegenwart, das 16. Jahrhundert. So tragen die menschlichen Figuren mit ihren Kleidern und Gerätschaften die Züge der niederländisch-flämischen Heimat des Künstlers. Die kanonenbestückten Koggen mit ihren geblähten Segeln lassen erkennen, dass es sich um das Zeitalter der überseeischen Entdeckungen und Eroberungen handelt. Doch die Landschaft, in die das dramatische Geschehen eingebettet ist, hat nichts gemein mit der flachen Nordseeküste, sondern mutet ausgesprochen mittelmeerisch an. Die hohen Berggipfel hatte Bruegel bei der Alpenüberquerung auf seiner Italienreise kennengelernt. Das titelgebende Hauptmotiv, der tragische Sturz des Ikarus, ist unauffällig an den rechten Bildrand gerückt, fast versteckt. Beim ersten flüchtigen Hinschauen kann der Vorgang leicht übersehen werden und muss ausdrücklich gesucht werden. Der Sturz wird im Augenblick des Versinkens im Meer gezeigt. In wenigen Augenblicken wird der Todeskampf beendet sein. Über den strampelnden Beinen des Ertrinkenden werden sich die Wasser wieder schließen, als sei nichts gewesen.

Die strampelnden Beine des Ertrinkenden

Der junge Ikarus war mit seinem Vater, dem genialen Handwerker Dädalus, aus der Gefangenschaft des tyrannischen Königs Minos auf Kreta entkommen, im wörtlichen Sinne entflogen, und zwar mit selbst gebastelten Flügeln, zusammengesetzt aus Vogelfedern. Entgegen der Warnung seines Vaters war Ikarus jedoch zu hoch geflogen, zu dicht an die Sonne heran, so dass das

Wachs schmolz, das die Federn zusammenhielt. Jählings stürzte er ab und ertrank. „Flieg nicht zu hoch, denn Wärme dehnt die festen Körper aus und das Wachs schmilzt." So hatte ihn Dädalus ermahnt. „Flieg aber auch nicht zu niedrig, damit das Wasser nicht deine Flügel beschwert und die Schwerkraft dich herunterzieht. Nimm einen mittleren Kurs." Aber Ikarus schlug die fundierten Ratschläge seines Vaters in den Wind. In einem kurzen Glücksrausch flog er der Sonne entgegen, dem Inbild von Licht und Freiheit, und stürzte – den Naturgesetzen gemäß – in den plötzlichen und unverhofften Tod. Die Lebensbahn des Ikarus war kurz. Sie erstreckte sich von der finsteren, Verlies artigen Burg des Minos (links im Meer) nur über wenige Kilometer und Minuten hinweg. Kein Mensch zu Lande und zu Wasser bemerkt etwas. Alle verrichten ihre alltägliche Arbeit, als sei nichts um sie herum geschehen. Der Bauer pflügt weiter. Der Angler angelt weiter. Der Hirte döst weiter. Selbst sein Wachhund sitzt verträumt dabei. Die Matrosen takeln ihr Schiff weiter auf. Die Berge ragen stumm in den Himmel, wie sie seit Jahrmillionen stumm in den Himmel geragt haben. Gleichgültig ist die Natur, unachtsam sind die Menschen gegenüber dem unerhörten Geschehen.

Im Mittelpunkt des Bildes steht der pflügende Bauer, auffällig hervorgehoben durch das leuchtende Rot seines Hemdes und seine Körpergröße. Gleichwohl wird er nicht heroisiert, nicht verklärt. Ungerührt, fast stumpfsinnig, zieht er seine Bahn, die Augen streng auf den Boden gerichtet, den Furchen folgend. Der Alltag siegt. „Kein Pflug bleibt stehen um eines Toten willen", wie ein niederländisches Sprichwort sagt. Ein einfacher hölzerner Räderpflug, hinter ein geschirrtes Pferd gespannt, ist das

Hauptarbeitsgerät des Landmannes. Weiter gehören zu seiner Ausstattung: ein heller Sack mit Saatgut, vorne links am Bildrand, eine ebenfalls helle Streutasche auf dem linken Oberschenkel, sowie ein Kurzschwert, die typische Bauernwehr des 16. Jahrhunderts, arglos abgenommen und niedergelegt am Feldrand.

Elementare menschliche Tätigkeiten

Wir werden Zeuge einer der elementaren menschlichen Tätigkeiten: Land unter den Pflug zu nehmen, es mit Saatgut zu bestreuen und so zu kultivieren. Hier geschieht diese Arbeit mit Hilfe einer entscheidenden agrartechnischen Neuerung des Mittelalters: des Räderpfluges, durch den die Bodenerträge erheblich gesteigert wurden. Wie eng der Bauer mit seiner produktiven Tätigkeit verwoben ist, drückt der Künstler darin aus, dass er im Faltenwurf seines Rockes die Gestalt der Ackerfurchen wiederholt! Den Ackerfurchen folgend, führt die Lebensbahn des Bauern unvermeidlich zu einer Leiche im Gebüsch links am Bildrand. Der Lebensweg der Menschen führt zwar nicht notwendig über Leichen, aber an Toten vorbei. Die Leiche im Gebüsch ist rätselhaft. Es bleibt offen, wer sie ist und wie sie zu Tode kam. Der Bauer bewegt sich zwischen zwei Toten, genauer: zwischen einem Toten und einem Sterbenden. Sein Leben, alles Leben, ist eingerahmt, begrenzt vom Tode.

Der kurvige Verlauf der Ackerfurchen wiederholt sich ebenso in dem bauchigen Meeresbecken und in dem aufgeblähten Segel des auslaufenden Handelsschiffes. Landmann und Seemann,

Bauer und Matrose gehören zusammen, wie es der niederländischen Wirtschaftsgeographie entspricht. Neben der Arbeit des erdverbundenen Landwirts, der monoton seine Bahnen zieht, stehen gleichrangig die Seefahrt und der internationale Handel. Der in See stechende Zweimaster weitet die inhaltliche Aussage des Bildes erheblich. Beide Bereiche des Lebens laufen parallel, sind aufeinander bezogen mit schwungvollen Linien. Bauer, Hirte, Angler alleine – das wäre provinzielle Heimattümelei, die Bruegel trotz seiner Hochachtung vor der einfachen Landbevölkerung fremd war. Als Stadtmensch – zu Hause in Antwerpen, Brüssel, Amsterdam – verband er Heimatliebe mit Weltbürgerlichkeit, im Bild dargestellt durch den großstädtischen Hafen hinten links. Bruegel hat das Bild als diagonal aufgebaute Weltlandschaft oder Überschaulandschaft komponiert. So gestattet er dem Betrachter, der links oben, außerhalb des Bildes, auf dem Bergabhang zu denken ist, einen weiten Blick in die Höhe, in die Tiefe und in die Ferne. Entlang der Diagonale, die von links oben nach rechts unten abfällt, sind die drei charakteristischen Lebensbahnen angesiedelt, die Bruegel – warnend und empfehlend – zeigen mochte: die tragisch-utopistische Bahn des Ikarus, der zu hoch hinaus wollte und eben deshalb abstürzte, die bodenständige Bahn der Landbewohner und Landarbeiter, die weltoffene und weltverbindende Bahn der Seeleute auf den Handelsschiffen.

Inwiefern lässt sich die kurze Lebensbahn des Ikarus als tragisch-utopistisch charakterisieren? Ein kurzer Rückblick auf die klassische Sage soll uns behilflich sein, in die Tiefendimension des Bildes einzudringen. An der Seite seines Vaters war Ikarus der despotischen Herrschaft unter König Minos glücklich entkommen. In der Begeisterung über die neugewonnene Freiheit missachtete er das Gebot des Vaters, nicht zu dicht an die Sonne heranzufliegen. Sonst schmelze das Wachs, das die Flügel zusammenhalte. So stürzte er tödlich ab – mit der unerbittlichen Konsequenz des Naturgesetzes. Seither ist Ikarus das Sinnbild des jugendlichen Stürmers und Drängers, des ungestümen Hitzkopfes, Vorbild und Warnung zugleich. Ein Vorbild ist er, weil er begeisterungsfähig war und ein großes und bedeutendes Ziel anstrebte. Er flog der Sonne entgegen, dem Quell des Lichtes und der Wärme, dem Ursprung allen Lebens auf unserem Planeten, dem Sinnbild der Freiheit und Schönheit. Eine Warnung ist er, weil er ein großes, ein richtiges Ziel mit falschen Mitteln und auf falsche Weise ansteuerte. Denn er hatte nicht im Vorhinein die Mittel auf ihre Tauglichkeit, auf ihre Tragfähigkeit hin bedacht. Seine Hoffnung erfüllte sich nicht, weil er ein Naturgesetz missachtet hatte. Er hatte Begeisterung. Ihm fehlte Besonnenheit. Er hatte Spontaneität. Ihm fehlte Disziplin.

Er verlor Mitte und Maß

So verlor er Mitte und Maß. Er stellte die Ordnung des Lebens auf den Kopf, was Bruegel auf die Weise verbildlicht, dass er ihn kopfüber untergehen lässt. Hohe Ziele und edle Ideale tragen nicht die Gewähr in sich, dass sie auch verwirklicht werden können. Aus der Sicht des Dädalus stellt sich der Absturz seines Sohnes besonders grauenvoll dar. Er musste erfahren, dass die von ihm ermöglichte Befreiung in einer Katastrophe endete. Er musste begreifen, dass es Situationen gibt, in denen

Menschen nicht mehr geholfen werden kann. Er musste lernen, dass manchmal Freunde und Verwandte nur erschaudernd zusehen können, wie jemand geradewegs und unaufhaltsam in den Abgrund rast. Bruegels Weltlandschaft zeigt uns die menschliche Wirklichkeit als eine Einheit von Gegensätzen. Das Harmlose koexistiert mit dem Erschreckenden. Die Katastrophe ereignet sich neben der Idylle, ja in ihr. Beides ist gleichermaßen wichtig und wirklich und wird nicht gegeneinander ausgespielt. Mit seinem Bild öffnet Bruegel uns die Augen für etwas, was den dargestellten Personen selbst verborgen bleibt. Während auf dem Bild jeder nur auf seinen Weg schaut, hat der Künstler den Gesamtüberblick und lässt uns daran teilhaben. Bruegels ebenso komplexe wie illusionslose Gesamtschau besagt: Das menschliche Zusammenleben ist geprägt von einer Gleichzeitigkeit des Gegensätzlichen, durch ein schroffes Nebeneinander. In unmittelbarer Nähe vollziehen sich frohgemuter Aufbruch und verzweifelter Absturz in einer Person. Kennen wir nicht alle diese Beziehungslosigkeit aus Familien, Wohnhäusern, Krankenhäusern, Kaufhäusern, Arbeitsstätten aller Art? In lockerer Anlehnung an einen antiken Sagenstoff hat Bruegel ein Kunstwerk geschaffen, dessen kraftvolle Bildsprache uns noch heute erreicht. Was der Maler darstellt und mitzuteilen hat, ist von verblüffender Überzeitlichkeit und insofern Modernität. Mit einem unsentimentalen, unromantischen Blick stellt er die dauerhaften Grundlagen menschlicher Existenz antithetisch einem schwärmerischen Abheben gegenüber. Während der Himmelsstürmer Ikarus gnadenlos zum Scheitern verurteilt ist, machen die Landbewohner und die Seeleute praktisch vor, wie das Leben gemeistert werden kann: in der alltäglichen

Erfüllung konkreter Pflichten bei nützlicher Arbeit. Dabei stehen sich als die zwei Pole eines gelingenden Lebens gleichrangig gegenüber: alltäglicher Trott und Auslaufen zu neuen Ufern, Beharrung und Aufbruch, Routine und Abenteuer, Statik und Mobilität. Auf Bruegels Panorama der kleinen und der großen Welt gehen Härte und Hoffnung eine lebensbejahende Mischung ein. Die unaufdringliche Schönheit des Bildes lädt immer wieder zum Betrachten ein.

„Stein des guten Glücks" neben Goethes
Gartenhaus im Park an der Ilm.
Beweglichkeit auf festem Fundament.
Goethes nonverbale Botschaft zur
Lebenskunst, vergegenständlicht
im „Stein des guten Glücks"

Wir schauen auf die erste abstrakte Skulptur der deutschen Kunstgeschichte. Goethe hat sie in Auftrag gegeben und „Stein des guten Glücks" genannt. Sie besteht aus zwei geometrischen Elementarformen, einem Würfel und einer darauf befestigten Kugel. In ihrer Einheit zeigen sie – sinnlich und abstrakt, gegenständlich und ohne Worte, was „gutes Glück", ein gutes Gelingen im Leben ausmacht: Festigkeit und Bodenhaftung einerseits, verkörpert im Kubus, und Flexibilität andererseits, verkörpert in der Kugel. Beides ist harmonisch zusammengefügt und bildet eine Synthese, deren Aufbau und Teile klar erkennbar sind.

Der „Stein des guten Glücks" ist ein gemeinsamer Entwurf des Dichters und seines früheren Leipziger Zeichenlehrers und späteren langjährigen Freundes Adam Oeser. Die realen Maße der Steinskulptur, die heute in Weimarer Andenkenläden als kleinformatige Replik in verschiedenen Materialien zu kaufen ist, betragen 90 mal 90 mal 90 cm für den Würfel und 73 cm als Durchmesser der Kugel.

Kugel und Würfel – ein dialektisches Paar

Was ist der bleibende Sinngehalt der Weimarer Plastik? Damit Leben glücken, gelingen kann, müssen zwei gegensätzliche Elemente sich verbinden, Stabilität und Bodenhaftung, verkörpert im Würfel und Flexibilität, Beweglichkeit, verkörpert in der Kugel. Beide Haltungen widersprechen sich und ergänzen sich, bilden ein dialektisches Paar. Gleicht ein Leben nur einem Würfel, muss es sich irgendwann die Vorwürfe der Starrheit, Sturheit, der dogmatischen Verhärtung, der Ewiggestrigkeit, der Betonköpfigkeit, des Fundamentalismus gefallen lassen. Es bedarf daher der Selbstkorrektur durch die Kugel. Hier gilt sie weniger als klassisches Sinnbild der Vollkommenheit denn als Sinnbild des Unsteten, Wandelbaren, auch Zufälligen, Symbol der Freiheit und ihrer Dynamik. Umgekehrt bedarf daher auch die Kugel der Korrektur, der Zähmung ihrer potentiellen Richtungslosigkeit. Ohne einen stabilen Unterbau steht sie für Richtungslosigkeit, Unberechenbarkeit, Willkür, Ruhelosigkeit. Sie wäre das abstrakte Symbol eines Charaktertyps, der umgangssprachlich als Hallodri, als Bruder Leichtfuß, als Windbeutel zu charakterisieren wäre. Kurz: Goethe empfiehlt ein Orientierungsmodell, das ein festes Fundament mit geistiger Beweglichkeit, vor allem Lernfähigkeit und Offenheit für Neues, verbindet. Einzuräumen ist, dass über die inhaltliche Beschaffenheit des Fundamentes nichts verlautet, notwendig nichts verlauten kann dank der Abstraktheit der Formensprache und dank der Allgemeinheit der Aussage. Bewusst hat Goethe auf eine Inschrift oder einen Kommentar verzichtet.

Ein letztes Wort zur altgriechischen Bezeichnung der Skulptur, die Goethe regelmäßig in seinen privaten Briefen aus der Entstehungszeit verwendet: „agathe tyche". In wörtlicher Übersetzung: gutes Schicksal, gute Fügung, glücklicher Zufall. Tyche ist eine Leitidee in Goethes Lebensphilosophie. Sie gehört zu den „Urworten. Orphisch" aus dem Jahre 1817. Tyche gleich Zufall wird dort Ananke (gleich Notwendigkeit) gegenübergestellt. Beide Pole machen das Leben aus. Beide Pole sind auch bereits ideell im „Stein des guten Glücks" präsent, ohne dass sie freilich eins zu eins mit den beiden Bestandteilen identifiziert werden dürften. Die Skulptur als Ganzes stellt das gute Glück dar.

Eine Replik der Skulptur gereicht jeder Wohnung zur Zierde. Sie passt in jedes Büro. Überall, wo Menschen sind, kann sie Anstöße zum Nachdenken geben. Ihre Einfachheit ist unüberbietbar, ihre Ruhe ansteckend.

Im kleinen und im großen Weltgetriebe. Humanistische Perspektiven auf das Abenteuer des Menschseins

Menschsein ist ein Abenteuer. Nichts steht darin von Anfang an und ein für alle Mal fest. Kein Ziel ist vorgegeben, nur das Ende ist vorherbestimmt, der Tod. Es gibt Überraschungen mancherlei Art, jähe Wendungen, Unwägbarkeiten, Glück und Unglück, Widerfahrnisse, in denen der Zufall kräftig mitmischt. Eine weitere universale Metapher für das menschliche Leben ist daher die Reise, die Wanderschaft, der – innere und äußere – Weg, den man zurücklegt. Es gibt Hauptwege und Nebenwege, Irrwege, Abwege, Umwege, Sackgassen. „Weiß man je, wohin man geht?" So fragt Denis Diderot in seinem Roman „Jacques der Fatalist und sein Herr" (1796). Mit dieser skeptischen Frage ist eine humanistische Hauptperspektive aufs Leben benannt, die nüchterne Wahrnehmung dessen, was ist und wie es ist. Mit ihr allein aber lässt sich nicht die ganze Wegstrecke bewältigen. Die Menschen brauchen auch klare Ziele, Optionen, feste Ideale. An ihnen orientiert sich der visionäre Blick.

Dabei ist Vorsicht geboten, wenn in diesem Zusammenhang etwas als „neu" angepriesen wird. Nach mehr als zweieinhalbtausend Jahren weltweiter sozialphilosophischer Reflexion ist alles bereits irgendwo einmal gedacht und formuliert und publiziert worden. Insofern erheben auch meine Überlegungen keinen Anspruch auf Originalität. Unvermeidlich greifen sie auf Theorieelemente verschiedener, auch disparater Traditionen zurück und schämen sich ihres Eklektizismus nicht. Menschenfreundliche Projekte und Ideen finden sich glücklicherweise an verschiedenen Orten und zu verschiedenen Zeiten auf dem Erdball. Die nicht einfache Kunst, in der ich mich übe, ist es, sie ohne Berührungsängste zu einer Synthese zusammenzuführen und damit erfolgversprechender zu bündeln.

Wohlstand für alle – Bildung für alle

Die hier vertretene humanistische Vision menschlichen Zusammenlebens ist eine solidarische Welt, in der alle Menschen ihr Auskommen haben. Keine säkularen Glücksversprechen, keine messianischen Heilsverheißungen einer leidfreien und konfliktfreien Gesellschaft, sondern eine ganz und gar irdische und ganz und gar materialistische Programmatik: Wohlstand für alle und Bildung für alle. Dies in einer offenen Gesellschaft mit Menschen aller Hautfarben und verschiedener Überzeugungen, geschützt durch wehrhafte demokratische und rechtsstaatliche Strukturen und Institutionen. Das Recht auf Migration und die Pflicht zur Integration werden noch lange als wichtige und schwierige Politikfelder auf der Tagesordnung stehen. Ein fest verankertes Gewaltmonopol des Staates ruht auf der Grundlage eines Wertegerüstes, das an den universalen Menschenrechten orientiert ist. Alle ABC-Waffen und Landminen sind vernichtet. Ein internationales Vertragssystem sorgt für ein ziviles Zusammenleben der Völker, das auf dem Prinzip der gemeinsamen Sicherheit aller Beteiligten aufbaut, orientiert am Ziel der Völkerfreundschaft.

„Nur wer im Wohlstand lebt, lebt angenehm." So heißt es klar und anspruchsvoll in Bertolt Brechts „Ballade vom angenehmen Leben". Recht hat er. Aber Wohlstand ist nicht alles. Der Mensch lebt nicht vom Brot allein. Zu einer humanistischen Vision des Lebens gehört gleichrangig die zweite Parole: „Bildung für alle." Bildung im emphatischen Sinne – nicht empathischen – umfasst den Dreiklang von Schulbildung, beruflicher Ausbildung und Charakterbildung. Goethe hat sie klassisch im Gedicht „Das Göttliche" (1783) formuliert: „Edel sei der Mensch, hilfreich und gut." Ergänzend und präzisierend füge ich hinzu: Höflichkeit, Takt und Humor gehören ebenfalls zum Profil einer humanistischen Persönlichkeit. Charakterbildung nimmt ihren Anfang in der frühkindlichen Erziehung und findet ihren Fortgang in Selbsterziehung, Selbstbildung, Selbstkultivierung.

Eine solidarische Welt

Eine solidarische Welt ist keine Gemeinschaft makelloser Heiliger, sondern eine stets gefährdete Vereinigung fehlbarer Menschen, wie wir sie seit Jahrtausenden kennen. Aber eine den Ton angebende Mehrheit hat aus der Geschichte gelernt und ist bemüht, auf ihren Errungenschaften ein gerechtes und friedliches Gemeinwesen aufzubauen. Unvermeidliche Interessenkonflikte und notwendiger Meinungsstreit werden möglichst nach vereinbarten Regeln konsensorientiert gelöst, wobei das Gemeinwohl die Richtung vorgibt. Das klassenkämpferische Pathos des „Hessischen Landboten" (1834) von Georg Büchner und Ludwig Weidig mit dem Motto „Friede den Hütten! Krieg den Palästen!" überlebt darin nur noch als eine historische Reminiszenz. Es bleibt aber bewusst, dass die opferreichen Kämpfe der Arbeiterbewegung, der Gewerkschaftsbewegung sowie der Frauenbewegung – mit all ihren Fraktionierungen und Forderungen – zu den wesentlichen Voraussetzungen einer solidarischen Welt gehören. Ein dynamisch handelndes Unternehmertum, das sich seiner sozialen Verantwortung bewusst ist und ihr gerecht wird, gehört freilich ebenso dazu. Die Jahrtausende alte Ausbeutung des Menschen durch den Menschen ist überwunden und bleibt geächtet, wenn auch stets vom Rückfall bedroht. Auch eine idealistisch motivierte Selbstausbeutung ist verpönt. Durch eine kluge und gerechte Finanz- und Steuerpolitik auf globaler Ebene wird endlich erreicht, dass niemand mehr Millionen und Milliarden sinnlos in privater Hand horten kann und horten will.

Unverzichtbare Voraussetzung ist ebenfalls der Beitrag der weltweiten Umwelt- und Klimabewegung, wie sie seit den letzten Jahrzehnten des zwanzigsten Jahrhunderts aufgestiegen ist. Ein versöhntes, schonendes Verhältnis zur Natur, namentlich auch zum Tierreich, und die selbstverständliche Beachtung aller ökologischen Erkenntnisse im Alltag (etwa bei der Energiegewinnung, in der Ernährung und bei der Müll- und Plastikvermeidung) sind fester Bestandteil eines humanistischen

Lebensentwurfes. Kurz: Es geht um die Versöhnung von Ökonomie und Ökologie.

Zusammenfassend und etwas abgewandelt, sei gesagt: Angestrebt wird eine Gesellschaft, wo niemand mehr hungern und frieren muss, wo alle sich eine angemessene Wohnung leisten können, leichten und sicheren Zugang zu sauberem Trinkwasser und zu ärztlicher Versorgung haben und von eigener Arbeit in Würde und Frieden leben. Eine Gesellschaft, in der Heinrich Heines spöttische Bemerkung „So ein bisschen Bildung ziert den ganzen Menschen" („Die Bäder von Lucca", Kapitel 8) in Form eines durchlässigen demokratischen Bildungswesens realisiert wird.

Keine Begriffsakrobatik – Keine Lagermentalität

Hier und auch im Weiteren verzichte ich absichtlich auf die abstrakten und höchst vieldeutigen Bezeichnungen Sozialismus und Kapitalismus, in denen eine jahrhundertelange Theoriegeschichte gespeichert ist. Verbissene Begriffsakrobatik sei mir fern. Ich will keinen fruchtlosen Streit um Worte schüren, sondern ein konkretes Nachdenken über die genannten Sachverhalte anregen. Das humanistische Projekt steht über politischen Lagern. Lagermentalität mit Freund-Feind-Denken ist ihm ohnehin fremd. Kooperation, soweit möglich, zum wechselseitigen Vorteil und die Beteiligung vieler sind gefragt. Impulse aus Graswurzelbewegungen sind willkommen.

Leitmotive humanistischer Weltdeutung und Lebenskunst

Ewig fließt der Fluss des Seins – ohne Anfang, ohne Ende, ohne Sinn, ohne Ziel, ohne Zweck. Die Welt, d. h. die Natur, das Ganze des Seins, über das hinaus nichts Größeres gedacht werden kann, ist einfach da, ein unhintergehbarer Sachverhalt, eine nicht hinterfragbare Gegebenheit, das metaphysische Mysterium schlechthin, keine Schöpfung. Wer sollte oder wer könnte sie je geschaffen haben und wann und warum und wie und für wen? Die Welt ist das Eine und Ganze des von Natur aus Seienden. Ihre erhabene Ewigkeit bildet den kontrastreichen Hintergrund zur flüchtigen und zerbrechlichen Endlichkeit der menschlichen Existenz, die diese teilt mit allen übrigen Lebewesen. Die Welt hat ohne den Menschen bestanden und wird ohne ihn weiterbestehen, wohingegen der Mensch einfach nicht ohne die Welt denkbar ist. Diesen naturgegebenen Sachverhalt in Demut anzunehmen, ist eine Grundlage humanistischer Lebenskunst. Freilich besteht kein Anlass, darüber in Selbstmitleid oder gar in Lebensverdruss zu versinken. Die uns gewährte Zeitspanne von durchschnittlich einigen Jahrzehnten bietet genug Möglichkeiten, etwas Sinnvolles und (relativ) Bleibendes zu schaffen, sofern keine überspannten Erwartungen perfektionistische Illusionen nähren.

Heraklit und Parmenides

Wie der kundige Blick unschwer erkennen wird, knüpfen diese Überlegungen an Gedanken vornehmlich altgriechischer Vorsokratiker an, namentlich an Heraklit und Parmenides. Auch Spinoza gehört zu den wesentlichen Ahnen dieser naturalistischen Weltdeutung. Sie verdankt ihm die Idee einer aus sich selbst seienden schöpferischen Natur, die alle Einzelwesen hervorbringt. Entscheidend ist deren inhaltliche Charakteristik als eine Einheit von Widersprüchen. Auch dieser Aspekt ist bereits bei Heraklit angelegt. Für besonders erkenntnisfördernd halte ich in unserem Zusammenhang die Unterscheidung zwischen dem „Mysterium tremendum" einerseits und dem „Mysterium fascinosum" andererseits, die der Marburger Religionswissenschaftler Rudolf Otto entwickelt und auf „das Heilige" bezogen hat (klassisches Werk „Das Heilige", erstmals 1917).

„Mysterium tremendum" ist das Geheimnis, das Furcht und Zittern (tremor) erzeugt; „Mysterium fascinans" oder fascinosum ist das Geheimnis, das Faszination, Bewunderung, ja Verzückung hervorruft. Beides kennzeichne in einer widersprüchlichen Einheit das Phänomen des Heiligen. Ich nehme mir die Freiheit, Rudolf Ottos bipolares Kategorienschema einer feuerbachianischen Lesart zu unterziehen. Danach sind religiöse Gegenstände und Begrifflichkeiten nicht schlechthin Ausgeburten menschlicher Phantasie, sondern sie mystifizieren meist etwas Reales, Weltliches. Auf den Punkt gebracht: Die Welt als Ganzes ist in ihrem Dasein und Sosein ein unergründliches Geheimnis und hat ein Doppelantlitz. Sie ist zugleich schaurig und schön. Schaurig ist sie in ihrer Teilnahmslosigkeit, ja Rücksichtslosigkeit gegenüber dem Schicksal der Lebewesen, die sie selbst hervorgebracht hat. Schön ist sie, genauer, schön kann sie sein, im bewussten Erleben harmonischer Natur und gelingender menschlichen Beziehungen.

Louis Armstrong, der afroamerikanische Musiker und Entertainer, hat 1968 in seinem Welthit „What a Wonderful World" die faszinierende Seite der Welt auf faszinierende Weise besungen und auch beide von mir genannten Aspekte „harmonische Natur" und „gelingende menschliche Beziehungen" hervorgehoben. Im Anblick grünender Bäume, blühender Rosen und eines Regenbogens sowie im Beobachten von Menschen, die zueinander sagen „I love you", denkt er laut im Kehrreim vor sich hin: „What a Wonderful World".

„Trinkt, o Augen, was die Wimper hält"

Der Schweizer Dichter Gottfried Keller, der im Winter 1848/49 in Heidelberg zu Füßen Ludwig Feuerbachs saß und seitdem seine literarische Kunst mit dessen atheistischer Philosophie bereicherte, hat in einem seiner schönsten Gedichte, dem „Abendlied", hinreißende Worte für das „Mysterium fascinans" gefunden. Die letzten zwei Zeilen lauten:

> „Trinkt, o Augen, was die Wimper hält,
>   Von dem goldnen Überfluss der Welt."

Ein dionysisch gestimmtes Trinklied. Es lädt ein, sich am goldenen Überfluss der Welt zu laben, die genug für alle bereithält. Gemeint mit diesem Überfluss sind die Gratisgaben der Natur, nicht etwa der bunte Tand übervoller Schaufensterauslagen, die Keller noch gar nicht im Blick haben konnte. Die Schweizer Berge und Seen, das Meer mit seinen Stränden, die Pracht der Blumen, der Zug der Vögel. Alles nicht für Menschen gemacht, aber doch ein erquickendes Labsal für geschundene Seelen.

So weit, so gut. Aber es bleibt das Angesicht der Natur, das Furcht und Zittern hervorruft, das Mysterium tremendum. Die Natur ist nicht nur lieblich und harmonisch, sondern zugleich gewalttätig und zerstörerisch und in alledem völlig gleichgültig gegenüber ihren Opfern. In ihren Tiefen nistet ein schier unerschöpflicher Fundus von mutationsfreudigen Viren und anderen Krankheitserregern, so dass tierisches und menschliches Leben immer wieder neu tödlich bedroht sind.

Und was den Menschen als das höchste Naturwesen betrifft, so hat Friedrich Schiller im „Lied von der Glocke" dafür die klassischen Worte gefunden:

„Jedoch der schrecklichste der Schrecken,
   Das ist der Mensch in seinem Wahn."

Kant: Das „radikal Böse"

Nicht der Mensch schlechthin, sondern der Mensch in seinem Wahn ist der schrecklichste der Schrecken – für Mensch und Tier. Gerade das zwanzigste Jahrhundert, vom britischen Historiker Eric Hobsbawm als „Zeitalter der Extreme" charakterisiert, liefert hierfür hinreichende Belege. Einige Namen von exemplarisch herausgegriffenen Ortschaften, Personen und Ereignissen seien genannt, um anzuzeigen, was gemeint ist: Welche Abgründe, welche Bosheit, welche Grausamkeit, welche Niedertracht in der menschlichen Natur lauern können. Immanuel Kant hat dafür die Formel vom „radikal Bösen" geprägt. Damit bezeichnete er eine bleibende Naturanlage, eine anthropologische Konstante. Radikal böse ist es, sich über alle Grundnormen der Menschlichkeit skrupellos hinwegzusetzen, sofern die äußeren Umstände es gestatten und oft auch eine ideologische Rechtfertigung bereit liegt oder bereitgestellt wird. Allerdings gehört zum radikal Bösen auch, dass es ohne jede ideologische Verbrämung – „einfach so" – stattfinden kann, unspektakulär und scheinbar grundlos, was eine spezifische Variante der „Banalität des Bösen" darstellt, von der Hannah Arendt später sprach.

Edvard Munch „Der Schrei" –
Deutungsversuch zu einem Jahrhundertbild

Edvard Munchs Bild „Der Schrei" liegt in verschiedenen Ausführungen vor: als farbiges Gemälde (1893) und als schwarz-weiße Graphik (1895). Wir schauen auf ein Jahrhundertbild, ein Hauptwerk des Expressionismus, ein Hauptwerk der klassischen Moderne, ein großes Werk der Menschheitskunst. Wer es einmal betrachtet hat, wird es nur schwer vergessen. Es hat einen hohen Wiedererkennungswert, es erregt, es lässt nicht gleichgültig, es hat mythische Kraft. Auf der vertikalen Mittelachse und im Vordergrund platziert, geht oder steht ein schreiender Mensch, die überlangen Hände an die Wangen geschmiegt, die Augen weit aufgerissen, den Mund weit geöffnet und zum O geformt. Indem er schreit, entlässt er sein Inneres nach außen. Eine einsame Gestalt schreit ihre Angst in die Welt hinaus. Sie wiegt sich und sie biegt sich. Alter und Geschlecht bleiben unbestimmt. Ohne feste Identität und Individualität wird der Mensch schlechthin dargestellt.

Eine Aussage von hohem Allgemeinheitsgrad wird angestrebt. Insofern wäre es abwegig, die bizarre Gestalt mit dem Künstler zu identifizieren, obwohl das Bild eine lebensgeschichtliche Wurzel hat, wie Munch in seinem Tagebuch mitteilt. Krank und müde ging er einst mit zwei Freunden am Fjord spazieren, da sank die Sonne und färbte den Himmel rot. Plötzlich fühlte er die Natur schreien …

„Du musst dein Leben ändern." (Rilke)

Wohin blickt die Gestalt? Was sieht sie und weshalb schreit sie? Sie steht zwar frontal vor uns, aber sie blickt am Betrachter vorbei nach links aus dem Bild hinaus. Was Angst und Schrei auslöst, liegt außerhalb des Bildes und wird nicht dargestellt. Es bleibt der konstruktiven Phantasie des Betrachters überlassen. Eine vertretbare Möglichkeit wäre zu sagen: Die Figur sieht gar nichts. Ihr Schrei ist ein inhaltsleerer, richtungsloser Urschrei. Es explodiert einfach ein inneres Unbehagen an der Welt, die immer auch Angst auslöst. Anspruchsvoller, aber auch gewagter wäre eine Deutung anhand des „O Mensch" – Pathos, das den frühen literarischen Expressionismus kennzeichnet. Dafür spräche der zum O geformte Mund. O Mensch, was hast du alles angestellt im Laufe deiner Geschichte? O Mensch, halt inne! O Mensch, „du musst dein Leben ändern" (Rainer Maria Rilke, „Archaischer Torso Apollos")

Indem Munch die Angst auslösenden Faktoren aus dem Bild auslagert, bewahrt er sein Bild vor raschem Veralten und inhaltlicher Enge. Diese Offenheit und Unbestimmtheit ist von Vorteil. Im Werk Edvard Munchs überwiegt der Schrei des Entsetzens. Zum menschlichen Leben gehören aber auch Schreie der Begeisterung, der Freude und der Lust.

Differenzierende Totalitarismus-Theorie

Werfen wir einen kurzen Blick auf einige historische Verkörperungen des radikal Bösen, und davon manche in welthistorischer Dimension. Der Titel eines Buches von Margarete Buber-Neumann mag uns in die grausige Realität einführen: „Als Gefangene bei Stalin und Hitler" (1949). Darin berichtet die Schwiegertochter des jüdischen Philosophen Martin Buber, wie sie als überzeugte Kommunistin gemeinsam mit ihrem späteren Lebenspartner Heinz Neumann, einem hochrangigen Funktionär der KPD, 1935 in die Sowjetunion als das gelobte Heimatland der Werktätigen emigrierte. Dort wurde Neumann 1937 wegen ideologischer Abweichungen vom Geheimdienst verhaftet (wie viele deutsche Kommunisten) und erschossen. Ein Jahr später wurde auch sie als „Hinterbliebene" eines „Volksfeindes" verhaftet und zu fünf Jahren Zwangsarbeit im Gulag (der sowjetischen Form eines Arbeits- und Straflagers) verurteilt. Im Rahmen des geheimen deutsch-sowjetischen Freundschaftsvertrages (abgeschlossen parallel zum deutsch-sowjetischen Nichtangriffspakt) wurde sie 1940 vom kommunistischen Geheimdienst an die Gestapo überstellt, die sie unverzüglich ins Frauen-KZ Ravensbrück einwies. Dort blieb sie relativ isoliert, weil die kommunistischen Häftlinge ihr die furchtbaren Erlebnisse in sowjetischer Haft nicht glauben wollten und sie der Lüge bezichtigten. 1945 wurde sie befreit.

In diesem prominenten Einzelschicksal bündeln sich bereits wesentliche Gesichtspunkte, die für eine differenzierte und differenzierende Totalitarismus-Theorie sprechen. Unbeschadet aller ideologischen Unterschiede und Gegensätze zwischen dem deutschen Faschismus und dem Marxismus-Leninismus gibt es auffallende strukturelle Parallelen in der zynischen Menschenverachtung und Menschenbehandlung, die jeweils zu grauenvollen Massenverbrechen geführt haben. Sie konvergieren in der irrigen Behauptung, eine vermeintlich gute Sache rechtfertige jedes Mittel, auch Folter und Terror. Diese Theorie, der Zweck heilige die Mittel, wird von manchen dem Jesuitenorden zugeschrieben, was von dort freilich zurückgewiesen wird.

Jorge Semprúns Kritik an Paul Celan

Der spanische Intellektuelle Jorge Semprún, der als junger Kommunist in das KZ Buchenwald bei Weimar eingeliefert wurde, hat im Laufe seiner späteren Entwicklungen auch seinen Weg zur Totalitarismus-Theorie gefunden. In der Rede zum Empfang des Friedenspreises des deutschen Buchhandels 1994 kritisierte er das berühmte Gedicht von Paul Celan „Todesfuge", in dem es wiederholt heißt: „Der Tod ist ein Meister aus Deutschland". Semprún wies diese politisch-historische Einäugigkeit zurück und ergänzte: Der Tod ist auch ein Meister aus Spanien, aus Frankreich, aus Sowjetrussland, um dann die entscheidende Einsicht zu formulieren: *„Der Tod ist ein Meister aus Menschheit*: Das wäre die passende philosophische Formulierung, denn sie würde die permanent vorhandene Fähigkeit des menschlichen Wesens betonen." (48f.)[10]

Ein allerletztes Beispiel möge diesen Blick auf die totalitären Verirrungen der Menschheit, die nicht der Vergangenheit angehören, beschließen. Ich meine das sowjetische Staatsverbrechen der Massenerschießungen von Katyn, das nicht nur in sich selbst monströs ist, sondern auch im Nachhinein mit faustdicken Lügen anderen angelastet wurde. Allerdings ist es auch ein Beispiel dafür, dass es, wenn auch bisher unzureichend, Ansätze zu einer produktiven geschichtspolitischen Bearbeitung gibt.

Im Wald von Katyn, einem Dorf an der russisch-polnischen Grenze, wurden 1940 einige Tausend (die Zahlen schwanken) gefangene polnische Offiziere und andere gesellschaftliche Führungspersönlichkeiten von Erschießungskommandos des sowjetischen Geheimdienstes NKWD ermordet und in Massengräbern verscharrt. Dies geschah auf Befehl Stalins, der vom Politbüro der Kommunistischen Partei bestätigt wurde. Die polnischen Offiziere wurden als „Klassenfeinde" und als Gefahr für die Sowjetmacht eingruppiert. Als 1943 die deutsche Wehrmacht auf ihrem Vormarsch die Gräber mit Toten in polnischen Uniformen entdeckte und dies wahrheitsgemäß als Verbrechen der Sowjetunion anprangerte, begann ein siebzigjähriger Propagandakrieg um „Katyn", der erst mit Gorbatschows Politik beendet wurde. Nach viel Hin und Her im heißen und kalten Krieg und der Tätigkeit diverser Historikerkommissionen wurde in einem Kreml-Archiv schließlich der Originalbeschluss mit den Unterschriften des Politbüros gefunden. Gorbatschow sprach eine Bitte an das polnische Volk um Verzeihung aus. Es wurde eine Gedenkstätte errichtet, die 2010 von Wladimir Putin und dem polnischen Ministerpräsidenten Donald Tusk gemeinsam besucht wurde. Ein wichtiger Schritt in die richtige Richtung, dem zusätzliche Schritte folgen müssen, verbunden mit weiterer juristischer Aufarbeitung und Entschädigung.

Dass totalitäre Verirrungen und Verbrechen auch in demokratischen Ordnungen wie eine Pestbeule aufplatzen können, zeigen Vorgänge und Umstände in Verantwortung der USA, die mit den Stichworten Guantanamo und Abu Graib verbunden sind. Bis auf den heutigen Tag werden in dem Internierungslager Guantanamo Gefangene unter entwürdigenden Umständen festgehalten. Ohne jede Rechtsgrundlage wie etwa Beweise werden sie der Beteiligung an den islamistischen Anschlägen vom 11. September 2001 bezichtigt.

Etwas später wurden im irakischen Gefängnis von Abu Graib Kriegsgefangene vom US-amerikanischen Wachpersonal barbarisch gequält und gefoltert. Mit schamlosem Stolz wurden die Untaten gefilmt und lösten damit einen internationalen Skandal aus. Die Täter und Täterinnen (!) wurden von der US-Militärjustiz disziplinarisch bestraft und teilweise unehrenhaft aus der Armee entlassen, so eine sadistisch posierende Militärpolizistin.

Soweit das „Mysterium tremendum" in Gestalt des radikal Bösen. Es gibt aber zum Glück noch das „Mysterium fascinans" in Gestalt des Wahren, Guten, Schönen. Beide Dimensionen der Wirklichkeit sind in einem komplexen Widerspruch miteinander verwoben. Als das „Wahre, Gute, Schöne" hat einst Plato den erhabenen Kosmos der Philosophie umschrieben, also die Gegenstände und Betrachtungsebenen, die zur Weltweisheit gehören. Damit nun aber das Wahre, Gute, Schöne nicht zu einem entrückten und illusionären Schloss in den Wolken mystifiziert wird – was bei Plato, dem Vater des Idealismus, leicht passieren kann –, sei eine ideologiekritische Rückendeckung bei zwei Meistern reflektierter Lebenskunst gesucht, bei Johann Wolfgang von Goethe und Thomas Mann.

Des Volkes wahrer Himmel

Im berühmten Osterspaziergang sagt Faust zu seinem Begleiter Wagner, als sie sich dem Städtchen nähern:

> „Ich höre schon des Dorfs Getümmel,
> Hier ist des Volkes wahrer Himmel,
> Zufrieden jauchzet Groß und Klein,
> Hier bin ich Mensch, hier darf ich's sein!"

Des Volkes *wahrer* Himmel ist ein Kirmesplatz mit seinem Geschiebe und Gedränge, mit seiner Blasmusik, mit seinen Späßen und Leckereien und Karussells. Dort, nicht vor Altar und Kanzel mit gebeugtem Knie und gesenktem Blick, erfährt er sein Menschsein. Verständlich, dass Goethe in der feinen Weimarer Gesellschaft als der „große Heide" verschrien war.

Thomas Mann empfahl die „Wonnen der Gewöhnlichkeit". In seiner frühen Novelle „Tonio Kröger" (1903) lernt der junge Titelheld, dass ein Künstler sich nicht ins Exzentrische, Entrückte und Verrückte verlieren solle. Er brauche Bodenhaftung und erwerbe Lebenskompetenz, indem er auch an den Wonnen der Gewöhnlichkeit Gefallen finde. Sich auch in den Niederungen des Lebens auszukennen, bewahre davor, abzuheben und sich in Hirngespinste zu verlieren.

Was folgt aus alledem? Es folgt ein Lebensstil, der sich dankbar und mit gutem Gewissen, wann und wo immer es passt, den Vergnügungen und Lustbarkeiten, die das Leben bereithält, öffnet. Die Kürze der Lebenszeit und ihre Unwiederbringlichkeit erfordern geradezu, dass gute Laune und ein guter Witz auch außerhalb der fünften Jahreszeit ihren festen Platz im Alltagsleben haben. Andererseits gehört zu einer absichtslosen Lebensfreude auch eine Dimension der Melancholie. Dies umso mehr, als die Realität im Sinne des „Mysterium tremendum" ja allgegenwärtig ist und uns, je feinfühliger wir werden, nicht unberührt lässt. Denn alle Qualen, die Menschen einander zugefügt haben und weiter zufügen, sind nie wieder gutzumachen, geschweige denn ungeschehen zu machen. Wer gefoltert wurde, bleibt gefoltert. Die Frauen, die vergewaltigt wurden, bleiben vergewaltigt. Wer gezwungen wurde, als Kindersoldat unter Drogen Menschen zu morden, bleibt sein Leben lang davon gezeichnet, allen Therapieversuchen zum Trotz.

Tristesse und Frustration

Auch ein humanistisch inspiriertes und wohl geordnetes Leben kennt Tristesse und Frustration, die einer lindernden und tröstenden Bearbeitung bedürfen. Die menschliche Phantasie hat im Laufe der Jahrtausende manche Kunst entwickelt, das Störende und Leid bringende zwar nicht real verschwinden zu lassen, wohl aber in einer Traumwelt davon abzulenken und irgendwo und irgendwie eine schönere und bessere Welt vorzugaukeln. Neben der Religion ist ein Hauptmittel die Musik, von der Friedrich Nietzsche – frei zitiert – gesagt hat: Ein Leben ohne Musik ist ein Irrtum. So ist es. Wir leben in einer Welt, wo heute jeder Mensch höchst individuell seine Lieblingsmusik in bester Qualität an jedem Ort und zu jeder Zeit hören kann. Diese technisch garantierte Möglichkeit übertrifft an Komfort alles, was in früheren Epochen nur wenigen Privilegierten, meist Adligen, vorbehalten war, sofern sie Zutritt zu einem Orchesterkonzert hatten.

Nicht nur „Kinder brauchen Märchen", wie ein kluger Buchtitel von Bruno Bettelheim lautet. Auch Erwachsene brauchen Märchen. Die zeitgenössische Film- und Unterhaltungsindustrie überbietet sich ständig, hier neue Attraktionen hervorzubringen. Sie schlicht in der Tradition der frühen Frankfurter Schule als „affirmative Verdummungsprojekte" zu disqualifizieren, greift entschieden zu kurz. Der alte Gegensatz von Hochkultur und Populärkultur ist längst einer friedlichen Koexistenz gewichen. Die leichte Muse triumphiert in glitzernden Schlagerfestivals. Beethoven und Schiller begeistern Millionen in Gestalt der Europahymne.

Von Größenwahn und der Schwierigkeit, ein menschliches Maß zu finden

Größenwahn ist eine spezifisch menschliche Verirrung in der Selbsteinschätzung, die Individuen und Gruppen befällt. (Größenwahnsinnige Tiere gibt es nicht.) Wer dem Größenwahn erliegt, hält sich für erheblich großartiger und wichtiger und bedeutender, als es der Wirklichkeit entspricht, und stellt sich dementsprechend glanzvoll dar. Das Gegenteil, das freilich seltener vorkommt, ist eine Selbstverkleinerung, Selbstverleugnung, Selbsterniedrigung, die sich als Bescheidenheit idealisiert und darüber verkennt, dass es auch falsche Bescheidenheit gibt.

Der ideelle Ursprung allen Größenwahns liegt im Erwählungswahn, der frommen Phantasie, von Gott besonders ausgezeichnet, ausgewählt, erwählt zu sein und von ihm eine besondere Aufgabe erhalten zu haben: etwa allen Menschen das Heil, was immer das sei, zu bringen, und den wahren Glauben, welcher auch immer das sei, zu vermitteln. Als Belohnung verspricht Gott dafür ein besonderes Territorium, etwa das Land Kanaan, ungeachtet dessen, dass dort schon Menschen mit anderem Glauben leben. Nachdem sich die Christenheit als das „neue Israel" etabliert und den Erwählungsstolz auf sich übertragen hatte, lag es in der Logik der Idee, dass die USA sich zur

„Nation under god" glorifizieren und ihr Land als „God's own country" preisen.

In der vielgerühmten neutestamentlichen Bergpredigt spricht der christliche Erlöser zu seinen Jüngern: „Ihr seid das Salz der Erde" und „Ihr seid das Licht der Welt" (Matthäus 5, Verse 13 und 14). Gibt es eine bombastischere Selbstüberhöhung des Christentums als die hier formulierte? Die Kirchengeschichte in Vergangenheit und Gegenwart (!) präsentiert eine andere Realbilanz. Falsch wäre es allerdings, das Phänomen des Größenwahns nur im jüdisch-christlichen Kontext zu verorten. Die Monumentalbauten der altorientalischen und altägyptischen Herrscherdynastien sprechen eine andere Sprache. So bewundernswert ihre mathematischen, statischen, ästhetischen und praktisch-organisatorischen Leistungen auch bleiben, ihre Architektur steht einzig und allein im Dienste der Verherrlichung der Pharaonen und anderer Despoten, denen Unsterblichkeit und eine göttliche Würde angedichtet wurde.

Auch die späteren christlichen Könige und Kaiser leiteten selbstverständlich ihre Herrscherstellung „von Gottes Gnaden" her. Die Lehre von der Volkssouveränität, die die gottgewollte Souveränität der Obrigkeit bestritt, wurde, soweit sie überhaupt erörtert werden durfte, als un- und antichristlich bekämpft. Nach der Französischen Revolution nahm die kirchliche Verfemung der Volkssouveränität an Fahrt auf hielt sich bis weit in unsere Tage.

Ein welthistorisch einzigartiges Gegenbeispiel zu imperialem Größenwahn in religiösem oder weltlichem Gewand stellt der römische Kaiser Marc Aurel (121–180) dar, der im Feldlager nahe der Donau in der Nähe des späteren Wiens an der Pest gestorben ist. In seinen „Selbstbetrachtungen"[11] entwickelte er (im Rahmen einer stoischen Gesamtkonzeption) Grundzüge eines naturalistischen Welt- und Menschenbildes, das noch heute jedem Humanismus zur Ehre gereicht. So dankt er in der Einleitung seinem Vater dafür, ihn überzeugt zu haben, „dass man selbst am Hofe ohne Leibgarde, ohne Prachtkleider, ohne Fackeln und Ehrensäulen und sonstigen Aufwand leben und sich fast wie ein einfacher Privatmann einschränken kann, ohne darum in seinen Verrichtungen als Staatsoberhaupt weniger Würde und Kraft zu beweisen." (20)

Marc Aurels Verzicht auf kaiserlichen Prunk und Purpur

Den Kaiserpurpur verachtete er und entzauberte ihn als „nur Schafswolle, in das Blut einer Schnecke getaucht". Im selben Atemzug entmystifizierte er auch den „geschlechtlichen Umgang" und nannte ihn kühl „Reibung eines Eingeweides und Ausscheidung von Schleim, mit Zuckungen verbunden" (77). Das ist zutreffend, wenn auch unterkomplex, da der angestrebte Lustaspekt unerwähnt bleibt. Marc Aurel war begierig, Sein und Schein zu unterscheiden. Den Schein nannte er „einen furchtbaren Betrüger", „gerade, wenn man glaubt, sich mit den allerbedeutendsten Dingen zu beschäftigen". (77) Auf gleicher gedanklicher Höhe und Schärfe ist ihm später nur Michel de

Montaigne im 16. Jahrhundert gefolgt, der in seinen „Essais" ganz am Schluss festhielt: „Wir mögen auf noch so hohe Stelzen steigen, auch auf ihnen müssen wir mit unseren Beinen gehen; und selbst auf dem höchsten Thron der Welt sitzen wir nur auf unserem Arsch." (566)[12]

Menschlicher Größenwahn treibt sein Unwesen nicht nur in Herrscherbiographien. Auch Philosophen können sich – subtil oder brachial – in ihn hinein imaginieren. In der Antike war es Seneca, der sich in eine Selbstapotheose (= Selbstvergöttlichung) hineinsteigerte, indem er dem Philosophenstand insgesamt das Verdienst zusprach, einen Weg zur Ewigkeit zu weisen und damit die eigene Sterblichkeit in Unsterblichkeit zu verwandeln. Hegel verstand sich als Protokollant des Weltgeistes und pries damit seine Philosophie des absoluten Geistes als Höhepunkt und Endpunkt von Philosophie überhaupt. Nietzsche übertraf in seinem Größenwahn alle. In der späten Schrift „Ecce Homo" stilisierte er sich auf aberwitzige Weise zu einer (auch wörtlich so formulierten) „göttlichen" Gestalt empor. Damit bestätigte er die These von Lou Andreas-Salome, der er einen abgewiesenen Heiratsantrag gemacht hatte, er habe den Tod Gottes verkündet, nur um selbst seinen Thron zu besteigen.

Überdimensionierte Kreuzfahrtschiffe vor Venedig

Dem Blick auf Spielarten des Größenwahns würde etwas Wesentliches fehlen, würden nicht noch bestimmte gegenständliche Hervorbringungen kurz erwähnt. Die britische Propaganda feierte die „Titanic" als Meisterwerk britischer Ingenieurskunst und deshalb als unsinkbar. Ein ordinärer Eisberg genügte, sie binnen weniger Stunden im Atlantik auf Grund zu setzen. Die Sowjetunion feierte sich selbst als ehernes, unbesiegbares, unvergängliches Fundament einer neuen und besseren Gesellschaftsordnung. Seit dreißig Jahren ist sie von den Landkarten getilgt. Heute zeigen Fotos in der Weltpresse, wie monströs überdimensionierte Kreuzfahrtschiffe im Hafen von Venedig liegen und sämtliche Sehenswürdigkeiten überragen und damit ideell vernichten.

Die Frage nach einem menschlichen Maß drängt sich unabweisbar auf. Im konkreten Einzelfall kann es schwierig sein, es zu finden. Aber aus dem Kontrast zu den bisher erörterten Verirrungen ergeben sich gewisse Kriterien. Ein menschliches Maß ergibt sich aus Grundbefindlichkeiten der menschlichen Existenz selbst, aus dem, was akademisch die „Conditio humana" genannt wird. Wir sind sterblich, wir sind zerbrechlich, wir sind krankheitsanfällig, wir sind fehlbar, wir sind neugierig und kreativ, wir sind vernunftbegabt und können aus Fehlern lernen. Wo immer dies beachtet wird, darf man von menschlichem Maß sprechen.

Vier Porträtskizzen exemplarisch ausgesuchter starker Persönlichkeiten mit humanistischem Profil

Bertha von Suttner

Bertha von Suttner, 1843 geboren in Prag, 1914 gestorben in Wien, bestattet in Gotha/Thüringen, wo das erste Krematorium der Welt eine Urnenbeisetzung ermöglichte, die sie als überzeugte Freidenkerin testamentarisch verfügt hatte. Ihr humanistisches Profil spricht vornehmlich aus drei Komplexen:

- Aus ihrer führenden Rolle im Friedenskampf, zusammengefasst in den drei Worten des Titels ihres Romans „Die Waffen nieder!" (1889), der als Klassiker der Antikriegsliteratur ein Weltbestseller wurde. Die elementare Botschaft war: Frieden durch Abrüstung. Krieg ist kein legitimes Mittel der Außenpolitik. Die Nazis wussten, weshalb sie am 10. Mai 1933 dieses Buch gemeinsam mit Erich Maria Remarques „Im Westen nichts Neues" öffentlich in Berlin verbrannten.

- Aus ihrem Engagement für Frauenemanzipation. In einer Zeit, wo Frauen noch das Wahlrecht verwehrt war und sie auch keiner politischen Vereinigung angehören durften, hat Bertha von Suttner Mut und Kraft aufgebracht, die Bühne der Öffentlichkeit zu betreten und sich ohne Scheu und mit Elan als Gallionsfigur fortschrittlicher Bewegungen zu betätigen.

- Aus ihrem unverhüllten Eintreten für Religionskritik und naturwissenschaftliche Aufklärung. Im Selbststudium verschlang sie die zeitgenössischen Autoren Charles Darwin, Ernst Haeckel, Ludwig Büchner (den jüngeren Bruder des Dichters Georg Büchner), Ernest Renan, David Friedrich Strauß und eignete sich wesentliche Ergebnisse aus deren Bibelkritik und Evolutionstheorien an. In ihrem Testament hieß es dazu: „Ich sterbe, wie ich gelebt, als überzeugte Freidenkerin. Habe nie Glauben geheuchelt und will auch keine Heuchelei nach dem Tode." (560)[13]

Erste Frau mit Friedensnobelpreis

Bertha von Suttner, geborene von Kinsky, entstammte der habsburgischen Hocharistokratie und genoss in den ersten drei Jahrzehnten ein luxuriöses Leben an der Seite ihrer verwitweten Mutter. Nachdem das väterliche Erbe verbraucht, großenteils in Casinos verspielt war, begann sie sich von ihrer Mutter zu lösen und arbeitete als Erzieherin der Töchter des Barons von

Suttner, den sie später heiratete. In Paris nahm sie eine Stellung als Hausdame und Privatsekretärin beim schwedischen Chemiker Alfred Nobel an, der durch die Erfindung des Dynamits zum Multimillionär geworden war. Zeitlebens waren die beiden befreundet. Vornehmlich unter ihrem Einfluss gründete Nobel mit seinem Reichtum die nach ihm benannte Stiftung. 1905 wurde ihr als erster Frau der Friedensnobelpreis zuerkannt.

Bertha von Suttner wirkte als Buchautorin und Journalistin, als Mitorganisatorin von Konferenzen und internationalen Kongressen sowie als Rednerin mit agitatorischer Begabung auf ausgedehnten Vortragsreisen. Ihre stets elegante Erscheinung mit modischer Kleidung und wertvollem Schmuck halfen ihr, persönliche Sicherheit und Souveränität zu erlangen. Bewegte sie sich doch in einer Welt, in der Frauen noch nicht zugelassen waren und lange als Zielscheibe hämischen Spotts in Witzblättern missbraucht wurden. Ihre Antikriegsrhetorik appellierte zunächst vorzugsweise an die Empörung des Herzens und der Vernunft über die blutigen Gräuel auf den Schlachtfeldern und das Elend der Verwundeten. Damit reagierte sie auf die Friedenssehnsucht breiter Kreise der Bevölkerung. Entscheidend war ihre rasche Politisierung. Sie erkannte, dass Friedensarbeit langfristig und international organisiert werden muss.

Ihr Roman „Die Waffen nieder!" erzählt mit autobiographischer Färbung die Geschichte einer Frau, die in den europäischen Kriegen von 1859, 1864, 1866, 1870/71 zwei Ehemänner und einen Sohn verliert. Ohne literarische Ambitionen schildert sie für ein breites Publikum in einem naturalistischen Stil, wie verwundete Soldaten erbärmlich krepieren. Eingeflochten in mehrere Szenen und Gespräche ist eine scharfe Kritik an der Segnung der Waffen durch christliche Militärgeistliche, die den Beistand Gottes für die Kämpfenden auf allen Seiten erflehen. Mit bissigen Worten wird über Kraft oder Illusion von Gebeten im Kriegsgeschehen debattiert. Die Verlogenheit von Nationalismus und militärischem Heroismus wird angeprangert.

Die Abschaffung der Kriege bleibt eine Menschheitsaufgabe. Großer Dank an Bertha von Suttner für ihren wichtigen Beitrag.

Olympe de Gouges

Olympe de Gouges, geboren 1748 in Montauban (Südfrankreich), gestorben 1793 in Paris während der großen Revolution auf dem Schafott unter dem Fallbeil. Sie wurde hingerichtet als Gegnerin der Jakobinerdiktatur und als konsequente Verfechterin gleicher Rechte und gleicher Pflichten von Frauen und Männern. Ihre welthistorische Bedeutung besteht darin, dass sie sofort die wesentliche Schranke der unstrittig epochalen Erklärung der Menschen- und Bürgerrechte von 1789 erkannte und kritisierte. Die Parole „Freiheit, Gleichheit, Brüderlichkeit" prangerte sie mutig in ihrer Begrenzung auf die männliche Hälfte der

Menschheit an und stellte ihr eine „Erklärung der Rechte der Frau und der Bürgerin" zur Seite. Dieses frühe Dokument des Feminismus und seine Autorin gerieten allerdings viele Jahrzehnte in Vergessenheit und/oder wurden im Interesse männlicher Vorherrschaft totgeschwiegen. Erst in den siebziger Jahren des zwanzigsten Jahrhunderts wurden sie wieder entdeckt, als neue Kohorten selbstbewusster und kämpferischer Frauen die Bühne der Geschichte betraten. Eine Fülle von Literatur ist seither über Olympe de Gouges erschienen, frauenemanzipatorische Preise wurden nach ihr benannt. 2013 schlug der französische Präsident Francois Hollande vor, sie ins Pariser Pantheon, die Ruhmeshalle großer französischer Persönlichkeiten, aufzunehmen. Leider vergeblich.

Als „Bastard" von adeligem Vater verleugnet
Olympe de Gouges war die nichteheliche Tochter einer Wäscherin. Ihr adeliger Vater lehnte, wie damals allgemein üblich, jede Verantwortung für das Kind als „Bastard" ab. Mit siebzehn wurde sie gegen ihren Willen nach Paris verheiratet, wo sie den weiteren Teil ihres Lebens verblieb, was sich langfristig als Glücksumstand erwies, weil sie dort mit den Ideen der Aufklärung bekannt wurde. In intensivem Selbststudium schloss sie zunächst Bildungslücken und versuchte sich als freie Schriftstellerin mit progressivem Profil. Ihren Namen verwandelte sie in Olympe de Gouges. Als wichtigste Arbeit aus diesen frühen Jahren ragt eine Kritik an Sklaverei und Kolonialsystem hervor. 1791 veröffentlichte sie die „Erklärung der Rechte der Frau und der Bürgerin" („Declaration des droits de la femme et de la citoyenne"). Ohne ihre Verdienste zu schmälern, muss freilich hinzugefügt

werden, dass bereits unmittelbar vor ihr als einziger unter den großen französischen Aufklärern Nicolas de Condorcet für die volle Gleichberechtigung der Frauen eingetreten war. Er hatte 1790 in einem Essay alle Bürgerrechte einschließlich des Wahlrechtes (!) für Frauen gefordert und geriet auch dadurch ins Visier der Jakobiner. Er verstarb unter ungeklärten Umständen.

Ich zitiere jetzt im Folgenden einige charakteristische Sätze und Artikel aus de Gouges' „Erklärung", die in ihrer Klarheit und Radikalität für sich selbst sprechen. Sie machen auch verständlich, weshalb ihren frühen Publikationen wiederholt unterstellt wurde, von einem Manne verfasst worden zu sein, der sich hinter einem falschen Namen verstecke.

„Mann, bist du fähig, gerecht zu sein?"

Vorspruch noch vor der Präambel:

> „Mann, bist du fähig, gerecht zu sein? Eine Frau stellt dir diese Frage. Dieses Recht wirst du ihr zumindest nicht nehmen können. Sag mir, wer hat dir diese selbstherrliche Macht verliehen, mein Geschlecht zu unterdrücken?"

Präambel:

> „Wir, Mütter, Töchter, Schwestern, Vertreterinnen der Nation, verlangen, in die Nationalversammlung aufgenommen zu werden. In Anbetracht dessen, dass Unkenntnis, Vergessen oder Missachtung der Rechte der Frauen die al-

leinigen Ursachen öffentlichen Elends und der Korruptheit der Regierungen sind, haben wir uns entschlossen, in einer feierlichen Erklärung die natürlichen, unveräußerlichen und heiligen Rechte darzulegen, damit diese Erklärung allen Mitgliedern der Gesellschaft ständig vor Augen ist und sie unablässig an ihre Rechte und Pflichten erinnert (…) Das an Schönheit wie Mut des Ertragens der Mutterschaft überlegene Geschlecht anerkennt und erklärt somit, in Gegenwart und mit dem Beistand des Allmächtigen, die folgenden Rechte der Frau und der Bürgerin."

„Die Frau ist frei geboren"

„Artikel I : Die Frau ist frei geboren und bleibt dem Manne gleich in allen Rechten. Die sozialen Unterschiede können nur im allgemeinen Nutzen begründet sein.

Artikel II : Ziel und Zweck jedes politischen Zusammenschlusses ist der Schutz der natürlichen und unveräußerlichen Rechte sowohl der Frau als auch des Mannes. Diese Rechte sind: Freiheit, Sicherheit, das Recht auf Eigentum und besonders das Recht auf Widerstand gegen Unterdrückung.

Artikel XI : Die freie Gedanken- und Meinungsäußerung ist eines der kostbarsten Rechte der Frau, denn diese Freiheit garantiert die Vaterschaft der Väter an ihren Kindern. Jede Bürgerin kann folglich in aller Freiheit sagen: ‚Ich bin die Mutter eines Kindes, das du gezeugt hast', ohne dass ein barbarisches Vorurteil sie zwingt, die Wahrheit zu verschleiern. Dadurch soll ihr nicht die Verantwortung für den Missbrauch dieser Freiheit in den durch das Gesetz bestimmten Fällen abgenommen werden."[14]

Charakteristisch für Olympe de Gouges war, dass sie die biologischen Unterschiede zwischen Mann und Frau, namentlich ihre mögliche Rolle als Mutter hervorhob. Wenn diese eingebettet wäre in ein gesetzliches Regelwerk gleicher Pflichten und Rechte in der Kinderbetreuung und Haushaltsführung, dann hätte die Frauenparität erheblich gewonnen. Dazu unterbreitete sie auch konkrete Vorschläge für Ehe- und Scheidungsverträge.

Großer Dank an Olympe de Gouges für ihren Mut und ihre Klugheit im Kampf für die Rechte der Frau.

Fritz Bauer

Fritz Bauer, geboren 1903 in Stuttgart und gestorben 1968 in Frankfurt/Main, war weit mehr als der kämpferische hessische Generalstaatsanwalt, der 1963 bis 1965 den großen Auschwitzprozess in Frankfurt inspirierte und organisierte. Er war auch in einem engeren Sinn ein engagierter Humanist, der sich von seinem liberal-jüdischen Elternhaus emanzipiert hatte und sich später explizit als säkularer Atheist verstand. Deshalb nahm er 1961 gerne die Einladung des Münchener

Rundfunkjournalisten Gerhard Szczesny an, bei der Gründung einer Humanistischen Union (HU) mitzuwirken. Gemeinsam mit anderen liberalen Intellektuellen, wie beispielsweise Alexander Mitscherlich oder Erich Kästner, hat er daran mitgearbeitet, den christlich-abendländischen Mief der Adenauer Ära zu vertreiben. Szczesny war bereits 1958 mit einem damals avantgardistischen Buch hervorgetreten „Die Zukunft des Unglaubens. Zeitgemäße Betrachtungen eines Nichtchristen". 1963 gab er den ersten Band des „Club Voltaire. Jahrbuch für kritische Aufklärung" heraus, zu dem auch Bauer einen Aufsatz über den Begriff der Schuld im Strafrecht beisteuerte.

Politisch-juristische Rolle seines Lebens

Bauer war einst der jüngste Amtsrichter in der Weimarer Republik gewesen. Als Jude und Sozialdemokrat von den Nazis entlassen, mehrfach inhaftiert und verfolgt, floh er ins Exil nach Skandinavien. Dort arbeitete er unter anderem mit Willy Brandt zusammen. 1949 kehrte er nach Deutschland zurück, wo er zunächst in Braunschweig, dann in Frankfurt/Main als Generalstaatsanwalt wirkte und in die politisch-juristische Rolle seines Lebens hineinwuchs. Im vorherrschenden Klima des Beschweigens, Verschweigens und Verdrängens der erst jüngst vergangenen Nazidiktatur machte er mutig, klug und konsequent von seinen amtlichen Möglichkeiten Gebrauch und entwickelte sich zu einem leidenschaftlichen Verfolger von Naziverbrechern. Dabei genoss er die politische und persönliche Rückendeckung des hessischen Ministerpräsidenten Karl August Zinn, mit dem er noch aus Zeiten der Weimarer Republik bekannt war.

1952 erreichte er im Braunschweiger Remer-Prozess, dass der frühere NS-Generalmajor Otto Ernst Remer wegen übler Nachrede und der Verunglimpfung des Andenkens Verstorbener verurteilt wurde. Dieser hatte die Verschwörer des 20. Juli 1944 als „Vaterlandsverräter" geschmäht und wurde dafür zu drei Monaten Haft verurteilt. Das Gericht folgte Bauers Plädoyer und befreite die Attentäter vom Makel des Landes- und Hochverrats. Das Recht auf Tyrannentötung wurde bekräftigt. Der NS-Staat wurde als „Unrechtsstaat" eingestuft.

Instinktsicheres Verhalten

1957 wurde Bauer nach Frankfurt/Main berufen, wo ihm ein ehemaliger KZ-Häftling konspirativ den Aufenthaltsort von Adolf Eichmann in Argentinien mitteilte. Instinktsicher vermied Bauer in dieser Sache jeden Kontakt zu deutschen Behörden, denen er misstraute, weil sie noch von alten Nazis durchsetzt waren. Über die Kölner Israel-Mission wandte er sich direkt an den Mossad, den israelischen Geheimdienst, der damit den entscheidenden Hinweis zur spektakulären Ergreifung Eichmanns erhielt. Der Organisator des industriellen Massenmordes an den europäischen Juden wurde 1960 aus Argentinien entführt und in einem rechtsstaatlichen Prozess in Jerusalem zum Tode verurteilt und hingerichtet.

Den Höhepunkt seiner politisch-juristischen Tätigkeit erlebte Bauer mit dem von ihm organisierten Auschwitzprozess (1963–1965), der im Frankfurter Römer eröffnet wurde, dann aber wegen des überwältigenden Medien- und Publikumsinteresses in die größeren Räumlichkeiten im Bürgerhaus Gallus verlegt wurde. Der Prozess war ein Meilenstein in der deutschen Nachkriegsgeschichte und leistete einen erheblichen Beitrag zur Aufarbeitung der beispiellosen NS-Geschichte mit dem Kernkomplex des Holocaust. Namentlich die zahlreichen Zeugenaussagen, die im Vorfeld von Untersuchungsrichtern protokolliert worden waren, förderten entsetzliche Einzelheiten des KZ-Alltags zu Tage. Inzwischen sind die Tonprotokolle und andere Prozessdokumente im Fritz Bauer Institut aufbewahrt und der Forschung auch teilweise digital zugänglich.

Der überraschende Tod Fritz Bauers im Sommer 1968, der leblos im Wasser seiner Badewanne gefunden wurde, wirft einige nicht mehr sicher zu klärende Fragen auf. Wahrscheinlich hat er zu viele Schlafmittel geschluckt. Weshalb? Das wird nie mehr zu klären sein. Das Interesse an ihm hat in den letzten Jahren erheblich zugenommen, wozu die Gründung eines Fritz Bauer Institutes an der Frankfurter Universität maßgeblich beigetragen hat. Mehrere dokumentarisch unterfütterte Filme und mehrere Biographien zu ihm sind erschienen.

Großer Dank an Fritz Bauer für seinen bedeutenden Beitrag zur Selbstaufklärung der deutschen Gesellschaft und zur Verankerung ihrer Rechtsstaatlichkeit.

Nelson Mandela

Nelson Mandela, geboren 1918 im südafrikanischen Dorf Mveso, 95-jährig gestorben 2013 in Johannesburg, gehörte der Volksgruppe der Xhosa an. Als Sohn des Stammeshäuptlings, dem königliche Würden beigelegt waren, wuchs der Knabe in relativem Wohlstand auf. Auch im Hinblick auf den dadurch ermöglichten Besuch der methodistischen Missionsschule wurde er methodistisch getauft. Als eine frühe Lehre aus seiner Kindheit erwähnt er in seiner Autobiographie „Der lange Weg zur Freiheit" („Long walk to freedom") die Kunst, einen Gegner zu besiegen, ohne ihn zu demütigen. Dem entsprach in der Praxis der Stammesversammlungen die Neigung, möglichst zu einvernehmlichen Ergebnissen zu gelangen. Hier liegt ein Schlüssel zur späteren humanistischen Großtat Mandelas, einen friedlichen Übergang vom rassistischen Staat zu einem demokratischen Staat angestrebt und erreicht zu haben. Dieser versöhnungsbereite historische Kompromiss konnte freilich nur gelingen, weil auf der gegnerischen Seite ein ähnlich kluger und verständigungsbereiter Partner herangereift war, Frederik de Klerk, der letzte Präsident des Apartheitsregimes. Dass beide Männer 1993 gemeinsam in Oslo den Friedensnobelpreis in Empfang nehmen konnten, war daher angemessen.

Historischer Kompromiss

Insofern gilt: Mandela war der wichtigste Vorkämpfer für die Freiheit vom Verbrechen der Apartheid, aber keineswegs der einzige. Ohne das Zusammenwirken ganz vieler Menschen und ohne das Zusammenspiel ganz vieler günstiger (auch internationaler) Umstände wäre das Resultat „Ende der Apartheid" und das Projekt einer „Regenbogennation" (Begriff geprägt von Desmond Tutu) nie zu Stande gekommen. Freilich auch nicht ohne den opferreichen, teilweise auch blutigen und gewalttätigen Kampf des ANC (African National Congress), der politischen Organisation, in der Mandela wichtige Ämter innehatte. So sehr er Mahatma Gandhi verehrte, seinen Weg prinzipieller Gewaltlosigkeit teilte er nicht.

1960 fasste der ANC den strategischen Beschluss, den Apartheidstaat auch mit gewaltsamen Mitteln zu bekämpfen. Fortan wurde Mandela (auch international) als Terrorist gesucht und 1963 in Südafrika zu lebenslanger Haft verurteilt. Diese Haft leistete er größtenteils im Gefängnis auf der berüchtigten Sträflingsinsel Robben Island im Atlantik vor Kapstadt ab. Die langen 27 Jahre bis 1990 nutzte er zur ständigen Weiterbildung als Jurist und zum vertieften, auch selbstkritischen Nachdenken über die Lösung der Apartheidproblematik. Im Austausch mit zugänglichen Wärtern und Aufsehern, zu denen er langsam ein gewisses Vertrauensverhältnis aufbauen konnte, wurde ihm allmählich klar: Ein friedliches Zusammenleben von schwarzen und weißen Bewohnern Südafrikas und solchen mit asiatischen Wurzeln ist nicht mit Gewalt herstellbar. Nur wenn Hass, Rachsucht, Verbitterung, Misstrauen und Ressentiments langfristig durch einen Geist von Versöhnung, Vergebung und Vertrauen abgelöst würden, sei eine Befriedung möglich. An die Stelle von Konfrontation müsse Kooperation treten. Welch menschliche Größe und Reife stecken in derlei Überlegungen!

Hilfreich beim Übergang waren die in den Neunzigern eingerichteten Wahrheits- und Versöhnungskommissionen. Orientiert am Vorbild südamerikanischer Staaten, wo die Verbrechen von Militärdiktaturen (namentlich in Chile) aufzuarbeiten waren, sollte es zu einem Opfer-Täter-Dialog kommen, der in einen konstruktiven Neuanfang münden sollte. Verbrechen in allen Volksgruppen und Parteiungen unabhängig von ihrer Hautfarbe sollten kompromisslos aufgedeckt werden. Ein gewaltiges Vorhaben, dessen Erfolge und Misserfolge illusionslos im Einzelnen zu überprüfen sind. Jedenfalls ist die Apartheid heute zwar offiziell abgeschafft und der ANC übt die Staatsmacht aus. Aber die schwarze Mehrheit der Bevölkerung lebt nach wie vor in Armut, ja im Elend.

Historisches Versagen des ANC nach Mandelas Tod

Der ANC hat die strukturelle Verwandlung von einer kämpferischen Befreiungsbewegung in eine staatstragende demokratische Partei nicht gemeistert. Vielfach ist er in abstoßende Korruption, spektakuläre Selbstbereicherung und grassierende Vetternwirtschaft versunken. Die leitenden Kader, die der Präsidentschaft Mandelas folgten, haben dessen moralische Integrität und politische Führungsqualität nicht bewahrt. Für ihren luxuriösen Lebensstil benutzten und benutzen sie die zynischsten und absurdesten Rechtfertigungsstrategien.

Ein besonders trauriges und zugleich tragisches Beispiel für eine abgründige menschliche und politische Fehlentwicklung war das Leben Winnie Mandelas, der langjährigen Ehefrau Nelson Mandelas, von der er sich schließlich scheiden ließ. In ihrer besten Zeit wurde sie als „Mutter der Nation" verehrt. Aber bereits in den Achtzigerjahren verlor sie die moralische Orientierung und propagierte als Kampfmittel gegen weiße Rassisten und gegen Verräter und Abtrünnige des ANC die sadistische Methode des „necklacing", der Halskrausenmethode. Dabei wurde dem Todeskandidaten ein mit Benzing getränkter Gummireifen um den Hals gelegt und angezündet. Als spätere stellvertretende Ministerin pflegte sie einen extravaganten Lebens- und Kleidungsstil, während die Mehrzahl „ihres" Volkes weiterhin zu Not und Arbeitslosigkeit verurteilt war und ist.

Großer Dank an den charismatischen Nelson Mandela für seinen aufrechten Gang und sein geradliniges Eintreten für Freiheit und Versöhnung der Ethnien. Sein Lebenswerk wartet darauf, fortgesetzt und vollendet zu werden.

Freiheit im Leben – Freiheit zum Tode

Selbstbestimmung des Individuums – eine unverwüstliche Leitidee unserer Zeit

Am Anfang und am Ende aller Überlegungen, wie zu leben und wie zu sterben sei, steht das Prinzip der individuellen Selbstbestimmung – eine kostbare und eine belastbare Idee. Auf einem unübersichtlichen Gelände hilft sie zuverlässig weiter. Die Idee der individuellen Selbstbestimmung ist auf Dauer unwiderstehlich, weil sie sachlich richtig ist. Sie bleibt übrig, wenn von den *großen* geschichtsphilosophischen Entwürfen nur noch Trümmer, von den religiös-metaphysischen Luftschlössern nur noch Schatten zu sehen sind.

Das Ideal des autonomen Subjekts ist die Haupterrungenschaft der europäischen Aufklärung. Es hat Schärfe und Charme, es ist attraktiv und konstruktiv – ein Kompass in den Abwehrkämpfen gegen Bevormundung, Besserwisserei, Verblendung. Dabei ist eine reife und reflektierte Gestalt von Selbstbestimmung sich ihrer natürlichen und historisch- gesellschaftlichen Rahmenbedingungen durchaus bewusst. Niemand kann sich aus ihnen lösen. Selbstbestimmung ist keine Selbsterschaffung, auch keine Selbsterfindung und geht problemlos einher mit der Einsicht in ihre eigenen Schranken. Niemand kann sich selbst das Leben geben. Niemand kann seinen Tod verhindern. Niemand kann selbst seinen Leichnam bestatten.

Niemand kann sich selbst bestatten

Wir werden geboren, wir müssen sterben, andere Menschen müssen unseren Leichnam beisetzen. Das heißt: Alle erwünschte und erreichte Selbstbestimmung ist eingebettet in Fremdbestimmung und stets mit ihr durchmischt. Ungefragt werden wir ins Leben geworfen. Unvermeidlich müssen wir sterben. Unabwendbar müssen andere Menschen unseren toten Körper irgendwie der Erde zurückgeben. Zwar können wir im Hinblick auf unsere Bestattung Vorsorge treffen, aber durchführen müssen sie andere, auch professionelle Helfer unseres Abschieds. In all diesen elementaren Sachverhalten drückt sich der zugleich naturgegebene und gesellschaftsbezogene Charakter der menschlichen Existenz aus. Innerhalb dessen ist die individuelle Selbstbestimmung umso erstrebenswerter, zumal sie ohnehin nur relativ und fragmentarisch ist.

Zwei tiefgreifende historische Entwicklungen haben die Selbstbestimmung in Theorie und Praxis entscheidend vorangebracht. Auf der gesellschaftlich politischen Ebene war es der Übergang vom Untertanen, der seiner Obrigkeit Gehorsam schuldet, zum mündigen Staatsbürger, der seine Regierung wählen und abwählen kann und der – analog – sich einer Religion zurechnen oder von ihr lösen kann. Auf der medizinisch-pharmazeutischen Ebene gab es epochale Fortschritte, von denen frühere Generationen kaum zu träumen wagten. Die Entwicklung sicherer hormoneller Verhütungsmittel hat die schicksalhafte Verknüpfung von Sexualität und Zeugung gekappt und damit einen beträchtlichen Zuwachs an Freiheit und Lustgewinn gebracht. Im Hinblick auf ein selbst verfügtes Lebensende stellen Medizin und Pharmazie inzwischen hochdosierbare Medikamentencocktails bereit, die – eingenommen in der Art eines Schlummertrunks – in einen tiefen Schlaf versetzen, auf den kein Erwachen mehr folgt. In den Niederlanden hat sich 2008 eine Bürgerbewegung unter der Leitung der Amsterdamer Ärztin Petra de Jong gebildet, die für die Legalisierung einer solchen „Letzter-Wille-Pille" eintritt.

Niemand müsste sich heute mehr erhängen, erschießen, vom Hochhaus stürzen, vor den Zug werfen oder in die Schweiz fahren (lassen), sondern könnte sein Leben sanft und schmerzfrei im eigenen Bett in vertrauter Umgebung beenden, so es ihn oder sie danach drängt. Freilich nur, sofern der medizinisch-pharmazeutische Fortschritt endlich von einem politisch-rechtsstaatlichen Fortschritt ergänzt wird. Die liberale und soziale Denkfigur der Selbstbestimmung muss endlich auch in eine alltagstaugliche Rechtsform gekleidet werden.

Das Recht zu leben ist keine Pflicht zu leben, geschweige denn ein Zwang zu leben. Wer nicht mehr leben will oder nicht mehr leben kann, dem sollte – im Rahmen einer sich herausbildenden humanistischen Abschieds- und Sterbekultur – die Möglichkeit eingeräumt werden, mit einer sanften Methode schmerzfrei und sozial verträglich aus dem Leben zu scheiden.

Todgeweiht sind wir von Beginn an – wie alle Lebewesen. Leben können heißt sterben müssen – ein höchst sinnreiches Gesetz der Natur, dem sich die Entstehung allen neuen Lebens verdankt. Sterblichkeit ist kein Irrtum der Evolution, sondern die biologische Gestalt der Endlichkeit aller Wesen. Allerdings, auf unserer Evolutionshöhe leben wir nicht einfach nur dahin wie Pflanzen und Tiere. Wir sind genötigt, unser Leben zu führen, zu führen mit Sinn und Verstand, mit Anstand und Würde.

Dem Tod aktiv entgegen gehen können

Dazu gehört auch, dem Tod aktiv entgegengehen zu können, seinen Zeitpunkt und seine Umstände mit zu beeinflussen, mitzugestalten. Von daher ist es freilich geboten, rechtzeitig über die eigene Sterblichkeit und ihre wünschbaren Modalitäten nachzudenken und sich mit anderen darüber auszutauschen. Denn der allgemeine zivilisatorische und medizinische Fortschritt zeigt auch hier seine Janusköpfigkeit. Er beschert uns zwar eine erheblich verlängerte Lebenszeit, nicht aber notwendig auch eine erhöhte oder nur bewahrte Lebensqualität. Im Gegenteil! Nicht selten geht eine verlängerte Lebenszeit mit einer erheblich verminderten Lebensqualität einher.

Von daher gewinnt heute an Aktualität, was einst Friedrich Nietzsche im „Zarathustra" im Kapitel „Vom freien Tode" schrieb: „Viele sterben zu spät, und einige sterben zu früh. Noch klingt fremd die Lehre: ‚stirb zur rechten Zeit!', stirb zur rechten Zeit; also lehrt es Zarathustra."[15] Nämlich, bevor dein Leben einen unumkehrbaren Verlust an Selbstbestimmung erreicht hat, der mit einem unumkehrbaren Verlust an Würde einhergeht. Wenn du dir selber nie mehr Nase und Zähne putzen sowie den Hintern abputzen kannst, wenn du dauerhaft nur noch gefüttert werden musst oder gar nur noch mit einer Magensonde erhalten werden kannst (einer Sonde, die nichts heilt, aber natürliche Todesursachen ausschaltet), wenn hundert andere Komplikationen, namentlich Lähmungen, eintreten, dann erfährst du einen Absturz an Lebensqualität und Menschenwürde.

Alles, was dir zuvor wichtig war, ist dahin. Dieser Absturz wird noch ruinöser, wenn du – im Prozess fortschreitender Demenz – still verwelkst, dein Erinnerungsvermögen erlischt, deine Persönlichkeit versiegt. Irgendwann erkennst du deinen Ehepartner nicht mehr, deine Mutter, deine Kinder. Du schaust in einen Spiegel und ein fremdes, leeres Gesicht blickt zurück. Illusionslos gilt es zu akzeptieren, dass Menschen sich selbst überleben können: dass sie ihr Leben hinter sich haben, obwohl sie noch am Leben sind. Ein hoch erfülltes Leben kann in ein erbärmliches Stadium geistiger Verwirrung, wenn nicht Umnachtung und/oder körperlichen Siechtums münden – eine Qual für die Betroffenen, eine Qual für ihre Angehörigen, zumal wenn dieses Stadium sich über Jahre, vielleicht Jahrzehnte erstreckt – dank moderner Hochleistungsmedizin und Medizintechnik.

Geburtshilfe und Sterbehilfe sind ehrbare Dienstleistungen

Was für das Lebensende noch erkämpft werden muss, für den Lebensbeginn ist es seit langem fraglos anerkannt. Geburtshilfe ist eine etablierte medizinische Disziplin. Die professionelle Dienstleistung einer Geburtshelferin oder eines Geburtshelfers gilt als ehrbare Tätigkeit, die unstrittig ihren finanziellen Lohn verdient. Niemand käme auf den Gedanken zu behaupten, hier würden Geschäftemacher die Not von Gebärenden ausnutzen. Und selbst darin lässt sich noch eine Parallele aufzeigen, dass eine Entbindung nach Ort und Zeit geplant und bei Bedarf vorzeitig eingeleitet werden kann. Geburtshilfe, Lebenshilfe, Sterbehilfe – wir brauchen sie alle drei, jeweils zu ihrer Zeit. Die Akzeptanz dieser strukturellen Hilfsbedürftigkeit in allen Lebensphasen ist Ausdruck reifer Menschlichkeit.

Ja zur Möglichkeit, sozial verantwortlich und schmerzfrei von der Bühne des Lebens abzutreten

Das philosophische Kernproblem beim Thema „Selbsttötung" lautet: Dürfen wir unser Dasein, das wir nicht selbst gewählt haben, das wir nie selbst wählen konnten, wieder abwählen? Darf der zufällige Zeugungsakt zweier Menschen, die dadurch unsere Eltern wurden, mit einem imperativen Mandat gleichgesetzt werden, das da lautet: Ihr müsst unter allen Umständen das euch gegebene Leben – durch dick und dünn bis zum bitteren Ende – durchhalten, selbst wenn euch nichts mehr bindet an diese Welt und der Aufenthalt darin zur Qual geworden ist?

Die prinzipielle Erlaubtheit, sich der Welt zu entziehen und sich aus allen sozialen Beziehungen auszuklinken, alle Kommunikation und alle Argumentation für immer abzubrechen, findet freilich ihre Grenze dann, wenn auf diese Weise anderen Menschen Schaden zugefügt wird. Wer sich vor den Zug wirft, handelt sozial unverantwortlich, ja verbrecherisch. Er oder sie wirbelt nicht nur die Pläne vieler Reisender durcheinander, sondern traumatisiert auch – für sein Leben – einen braven Lokführer, der nicht mehr bremsen kann und sehenden Auges zum Totschläger gemacht wird. Gar manche Selbsttötung ist unverantwortlich und unklug. Unklug ist sie, wenn sie beispielsweise aus Liebeskummer erfolgt. Unverantwortlich ist sie, wenn sie Schutzbefohlene im Stich lässt, etwa unversorgte Kinder. In dieser Hinsicht entfaltet Suizidprophylaxe ihre volle Berechtigung.

Aber die grundsätzliche ethische Legitimität, aus der „Logik des Lebens" auszusteigen, wird damit nicht angetastet. Mit der Formulierung „Logik des Lebens" zitiere ich respektvoll Jean Améry, dessen grundlegendem Werk „Hand an sich legen. Diskurs über den Freitod" (Stuttgart, 1974) ich in mancher Hinsicht folge. In der christlichen Tradition wird das alles naturgemäß ganz anders gesehen. Regelmäßig bekräftigt der Papst die religiöse Sicht, allein Gott der Schöpfer sei der Herr über Leben und Tod und nur ihm, dem Allmächtigen, sei vorbehalten, Menschen aus dem Leben abzurufen und die Stunde ihres Sterbens festzulegen. Die darin begründete Verteufelung der Selbsttötung wirkt bis heute bei vielen unbewusst nach und ist im diffamierenden Begriff des „Selbstmordes" festgeschrieben.

Als Verkörperung der unvergebbaren Todsünde des „Selbstmordes" galt und gilt die biblische Figur des Judas, des Jüngers, der den Erlöser verriet. Er erhängte sich, wie das Matthäus-Evangelium berichtet, nachdem er seine Schuld eingesehen und sogar den Judas-Lohn, die dreißig Silberlinge, zurückgegeben hatte. Dass er sich erhängte, wurde ihm in der kirchlichen Überlieferung als ein noch schlimmeres Vergehen angelastet als die Tat des Verrats. Denn er starb ja im Vollzug einer Sünde, im Vollzug eines sündhaften Aktes und verspielte eben damit – noch kurz vor dem Tod – die Möglichkeit zu bereuen, Buße zu tun und Vergebung zu erlangen.

So blieb in den langen Jahrhunderten kirchlicher Vorherrschaft jedem, der durch eigene Hand aus dem Leben geschieden war, ein ehrenhaftes, das hieß: ein kirchliches Begräbnis verwehrt. Ohne Segen, ohne Sakrament, ohne Priester, ohne Gemeinde wurden solche Menschen außerhalb der Friedhofsmauer würdelos verscharrt – heimlich und nächtens.

Michel de Montaigne und David Hume

So dumpf und düster ist es freilich nicht immer in Europa zugegangen. In der vor- und außerchristlichen Antike haben menschenfreundliche Philosophenschulen – namentlich die Stoa und das Epikureertum – die Freiheit zum Tode ausführlich begründet. An sie konnten später im 16. Jahrhundert Michel de Montaigne und im 18. Jahrhundert David Hume und gegen kirchliche Engstirnigkeit das Recht auf den eigenen Tod verteidigen.

In der Tradition dieser frühen Vorkämpfer individueller Selbstbestimmung auch im Sterben und bestärkt durch Gegenwartsautoren wie Jean Améry und Karl Löwith fasse ich noch einmal wichtige Gesichtspunkte zusammen. „Wenn ein vernunftgeleitetes Leben nicht länger möglich ist, dann ist es erlaubt, einen wohlüberlegten Lebensabschied zu nehmen." So lautet das Leitmotiv der Stoa zu dieser Frage, wobei hinzugefügt wurde, es sei keine leichte Aufgabe, den richtigen Zeitpunkt zu finden und dann zu handeln. Der Phase des hohen Alters müsse man tunlich zuvorkommen, in der vielleicht die Fähigkeit zur Einsicht erloschen sei.

Angelehnt an den klugen Aufsatz von Karl Löwith „Die Freiheit zum Tode"[16] sei hinzugefügt, dass die Selbsttötung Ausdruck spezifisch menschlicher Freiheit sein kann. Sie lässt sich aus drei anthropologischen Grundbedingungen herleiten: aus dem Zeitbewusstsein, aus der Fähigkeit zur Reflexion über das eigene Leben, aus der Fähigkeit zur gedanklichen und gefühlsmäßigen Distanzierung von der Welt.

Allein der Mensch hat ein Zeitbewusstsein in dem Sinne, dass er zurück- und vorausschauen kann, eine Bilanz in Bezug auf das Vergangene ziehen und eine Perspektive in Bezug auf das Kommende entwickeln kann. Je nachdem kann ein bedrückendes oder ein beglückendes Urteil erfolgen.

Allein der Mensch kann über sein Dasein reflektieren, über Scheitern und Versagen, über Wünschbarkeit, Erträglichkeit und Sinnhaftigkeit des Erlebten nachdenken.

Allein der Mensch hat die Fähigkeit, sich gedanklich und emotional von allem zu distanzieren: von der Welt und von sich selbst. Eine faktisch eingetretene Entfremdung zur Welt kann zu einer bewussten Distanzierung gesteigert werden.

Alles in allem lässt sich hiernach sagen: Selbsttötung ist nicht notwendigerweise ein Ausdruck der Selbstaggression, wie voreilig pathologisierend behauptet wird. Selbsttötung kann auch den legitimen Wunsch ausdrücken, Leid zu beenden. Der Tod wird nicht als Übel gesucht, sondern als Ende aller Übel. Das Recht auf das eigene Leben mündet in das Recht auf den eigenen Tod.

Ja zur Sterbehilfe

Warum mit Tieren gnädiger verfahren als mit Menschen?

Sterbehilfe ist ein hochkontroverses, ein hochsensibles Thema. Damit Sterbehilfe ihren wohltätigen, ihren menschenfreundlichen Sinn unzweideutig entfalten kann, sei sie zunächst klar unterschieden von Sterbenachhilfe. Sterbehilfe setzt die Ermächtigung durch einen sterbewilligen einzelnen Menschen voraus. Sterbenachhilfe dagegen maßt sich an, auch ohne Einwilligung das Sterben anderer zu beschleunigen oder unmittelbar herbeizuführen.

Ja zum Begriff Euthanasie

Eine Politik in dieser Richtung wurde in Deutschland zur Zeit der NS-Diktatur ab 1939 praktiziert. Unter Missbrauch des Begriffs Euthanasie, dessen guter Sinn geradezu ins Gegenteil verdreht wurde, wurden geistig und körperlich Behinderte in staatlichen und kirchlichen Anstalten mit groß angelegter Logistik ermordet. Ärzte und Pflegepersonal beteiligten sich an diesen schauerlichen Verbrechen. Das war keine Sterbehilfe, nicht einmal Sterbenachhilfe. Das war staatlich organisierter Mord an einer Gruppe von Menschen, die als „völkisch" unerwünscht und sozial nutzlos eingestuft wurden.

Dabei konnten sich die Nazi-Ideologen und -Politiker für ihre „rassehygienischen" Projekte berufen auf sozialdarwinistisch orientierte Schriften aus der Zeit der Weimarer Republik und noch davor. Namentlich eine kleine Publikation aus dem Jahre 1920, „Die Freigabe der Vernichtung lebensunwerten Lebens", verfasst von zwei Hochschulprofessoren, dem Juristen Karl Binding und dem Psychiater Karl Hoche, spielte hier eine fatale Rolle. Die bei ihnen noch angelegten rechtsstaatlichen Regelungen wurden später von der NS-Politik völlig über den Haufen geworfen.

Die von mir befürwortete, ethisch legitimierte Sterbehilfe dagegen ist ein Angebot an Einzelne und bedarf der Ermächtigung durch einen Einzelnen. Dabei scheue ich mich nicht, bei Bedarf für diesen Sachverhalt auch den altgriechischen Begriff der Euthanasie zu verwenden, der im Ausland anstandslos eingebürgert ist. Es ist sprachpolitisch falsch, ja geradezu kontraproduktiv, auf Begriffe zu verzichten, nur weil sie von den Nazis schändlich missbraucht wurden. Ihnen die Deutungshoheit über „Euthanasie" zu überlassen, hieße, ihren einstigen Sieg posthum noch zu bestätigen und zu verewigen.

Euthanasie heißt „guter Tod" im Sinne von friedlichem Tod, leichtem Tod, schmerzlosem Tod, schnellem Tod, unterschieden von einem qualvollen, langsamen Tod. Die griechische Vorsilbe „eu" ist auch aus anderen Fremdwörtern bekannt: Eucharistie gleich gute Gabe, Eu-phorie gleich gute Stimmung, Eu-rhythmie gleich gute Bewegung, Eu-stress gleich guter Stress im Gegensatz zum Dis-stress. Einen notwendigen Gegensatz zwischen Sterbehilfe und Sterbebegleitung kann ich nicht erkennen. Beide Vorgänge können ineinander übergehen. Wer beim Sterben begleitet, hilft zugleich zum Sterben. Und wer zum Sterben verhilft, kann dies nur tun, indem er zugleich in der allerletzten Zeit begleitet.

Das Ja zur Sterbehilfe ist ein Ja zum Recht, das eigene Leben zu einem guten Ende führen zu dürfen: zwar nicht sein *Dass*, wohl aber sein *Wann*, *Wie* und *Wo* mit zu bestimmen. Wenn jemand nicht mehr leben kann oder leben will, soll er das Recht haben, in Frieden sterben zu dürfen. Es gibt Menschen, die tatsächlich sterben wollen, obwohl sie schmerzfrei und gut versorgt im Bett liegen. Leider wird dieser nicht zu leugnende Tatbestand in manchen Quartieren und Publikationen der unbestritten verdienstvollen Hospizarbeit verdrängt, zum Glück nicht von allen, die dort mitwirken.

Aber: Lebensüberdruss, Lebenssattheit, Lebensmüdigkeit, Lebensunwille, schließlich Lebensekel – sind sie so unverständlich, wenn eine wirkliche Lebensteilhabe nicht mehr stattfindet? Wenn körperliche Basisfunktionen ihren Dienst versagen, wenn geistige Einbußen täglich aufdringlicher werden, wenn die Beziehungsnetze ausgedünnt sind, was bleibt dann noch? Weshalb darf, wer mit fünfundachtzig das Gefühl hat, sein Leben sei nun abgerundet und könne eigentlich nur noch an Substanz verlieren, weshalb darf so jemand – versöhnt mit sich und der Welt – nicht bewusst in den Tod gehen und dafür professionelle Hilfe unter ärztlicher Obhut in Anspruch nehmen? Wer darf sich anmaßen, diesen Sterbewunsch als unstatthaft zu ignorieren und unerbittlich eine Sterbeverzögerung zu verlangen?

„Das Leben ist der Güter höchstes nicht", sagt Friedrich Schiller in der „Braut von Messina". Auf dem Wege, Sterbehilfe in Deutschland offiziell zu ermöglichen, sind noch einige mentale Hürden zu überwinden. Entwicklungsbedarf besteht hier allerdings weniger in der Bevölkerung, die nach allen Umfragen eine steigende, ja mehrheitliche und stabile Zustimmung erkennen lässt. Entwicklungsbedarf besteht vornehmlich bei den politischen, juristischen und medizinischen Entscheidungsträgern. Neben der Faschismuskeule, reflexhaft geschwungen von Politikern aller Richtungen, ist es vor allem ein Paternalismus bei Ärzten, tief in deren traditionellem Standesethos verwurzelt, die überwunden werden müssen.

Jede ärztliche Maßnahme, jeder medizinische Eingriff, jede Heilbehandlung und deren Verlängerung bedürfen einer ausdrücklichen (oder notfalls impliziten) Genehmigung, Zustimmung, Autorisierung durch den Betroffenen. Sonst macht sich der Arzt einer Körperverletzung schuldig. Dieses Prinzip der Behandlungshoheit des Patienten oder auch der Patientenautonomie findet seit einiger Zeit einen schriftlich dokumentierten Ausdruck in einer Patientenverfügung, die seit dem 1. September 2009 auf Beschluss des Bundestages in Deutschland rechtsverbindlich ist. Umgekehrt darf freilich kein Arzt genötigt werden, gegen sein Gewissen an einem Schwangerschaftsabbruch oder bei einer aktiven Sterbehilfe mitzuwirken.

„Warum dürfen Tiere sich einschläfern lassen und Menschen nicht?"[17]

Diese berechtigte Frage zitiert Walter Jens in seinem christlich motivierten und argumentierenden Plädoyer für aktive (!) Sterbehilfe aus dem Buch des Schweizer Strafrechtsprofessors Peter Noll „Diktate über Sterben und Tod". Darin beschreibt Peter Noll seine letzten Wochen 1981 zwischen der Diagnose Blasenkrebs und dem Tod.

Ja, warum darf man Tiere einschläfern lassen und Menschen nicht? – Eine gute, eine berechtigte Frage, weshalb die besten Freunde der Menschen im Tierreich – Hund, Katze, Pferd –, wenn sie schwer leiden müssen, in gesetzlich geregelter Weise einen „Gnadentod" empfangen dürfen, aber nicht wir Menschen. Mit beachtlicher Unbefangenheit verwendet der jüngst verstorbene katholische Theologe Hans Küng den Begriff Gnadentod auch für Menschen und plädiert – wie sein Freund Walter Jens – für aktive Sterbehilfe. In ihrem gemeinsamen, nach wie vor sehr lesenswerten Buch „Menschenwürdig sterben. Ein Plädoyer für Selbstverantwortung" (1995) schreibt Küng in seinem Beitrag: „Ein halbes Jahr oder sechs Monate länger – ein Gut an sich? Haben Sie vielleicht schon einmal einen in ein Starkstromkabel gefallenen Elektromonteur gesehen (ich habe es), dessen Kopf buchstäblich wie ein verbrannter Kohlkopf (noch erkennbar ein deplatziertes Auge und vereinzelte Zähne) aussah, einen Menschen, so schwer verletzt, dass man ihn nicht wiedererkannte und seiner Familie auch gar nicht zu zeigen wagte, den man aber heutzutage mit den technischen Möglichkeiten der Medizin noch beinahe beliebig lange am Leben erhalten kann? Nicht verwunderlich, dass viele Menschen Angst haben nicht nur vor Schmerz und Leiden, sondern auch vor dem Gefangensein in einem hochtechnisierten System, vor der totalen Abhängigkeit und dem Verlust der Kontrolle über das eigene Ich, vor lauter Schmerzmitteln nur noch dösig, schläfrig, nicht mehr denkend, nicht mehr trinkend, nichts mehr erlebend." (61)

Wie differenziert und behutsam Küng zugunsten von aktiver Sterbehilfe plädiert, sei noch anhand eines anderen Zitates belegt, das ich mir, wie bereits das vorhergehende, inhaltlich zu eigen mache: „Nicht Verantwortung, sondern Leichtfertigkeit, Willkür wäre es, wenn etwa ein Mann besten Alters, unbekümmert um Frau und Kinder, wegen eines Misserfolges oder Karriereknicks um Sterbehilfe bäte. Aber wäre es auch Willkür, wenn ein Mensch, der sein ganzes Leben lang hindurch redlich gearbeitet und für andere gewirkt hat, am Ende aber – nach eindeutiger ärztlicher Diagnose – von einer Tumorerkrankung oder vielleicht jahrelanger seniler Demenz, totaler Alterssenilität, bedroht ist, dasselbe täte und sich von seiner Familie bei Bewusstsein würdig verabschieden möchte?" (60)

In diesen beiden Küng-Zitaten sind wesentliche Gesichtspunkte zur gesetzlichen Freigabe aktiver Sterbehilfe versammelt. Sie dokumentieren, dass auch aus einer religiösen Motivation heraus ein Ja dazu möglich ist. Auch die liberalen Regelungen in der Schweiz, in Belgien und den Niederlanden wurden keineswegs ohne bejahende theologische Gutachten und keineswegs ohne Unterstützung aus kirchlichen Kreisen etabliert. Dennoch sei eingeräumt, dass eine säkular-humanistische Ethik ohne Gottesbezug und ohne Jenseitsperspektive sich hier argumentativ leichter tut.

Wir alle könnten mutiger, fröhlicher, gelassener leben und arbeiten, wenn wir keinen langwierigen, qualvollen Sterbeprozess zu befürchten haben, sondern wissen dürfen: Wenn es so weit ist, gibt es klare rechtsstaatliche Regelungen, die es uns ermöglichen, am eigenen Wohnort, möglichst im eigenen Bett, in Frieden und Würde den ultimativen Abschied von dieser schaurig schönen Erde zu nehmen. Sei dieser Abschied begleitet von wohlwollenden Angehörigen und medizinischem und pflegerischem Personal oder sei er unbegleitet und finde statt als nicht ärztlich assistierter Suizid.

Plädoyer für die Freigabe einer „Letzter-Wille-Pille", d. h. Plädoyer für die Ermöglichung eines sanften und sicheren Sterbens ohne Begutachtung und Begleitung durch Mediziner und Psychologen

Am 28. März 2020 schied der hessische Finanzminister Thomas Schäfer aus dem Leben. In der Nähe seines Dienstortes Wiesbaden ließ er sich von einem Intercity Express der Deutschen Bahn überfahren. Indem er diese Sterbeart eines „Schienensuizids" wählte, beging er die nicht unerhebliche Straftat eines „gefährlichen Eingriffs in den Schienenverkehr", die mit bis zu zehn Jahren Haft geahndet werden kann. Strafbewehrt ist dabei nicht der Suizid als solcher, der bereits im Preußischen Landrecht des 18. Jahrhunderts straffrei gestellt war. Strafwürdig ist der Tatbestand, dass ein braver Lokführer als Totschläger instrumentalisiert und schrecklich traumatisiert wird, sodass er in der Folge oft berufsunfähig wird. Außerdem werden die Pläne vieler Fahrgäste durcheinandergewirbelt, Anschlüsse nicht mehr erreicht, wichtige Termine verpasst. Der Schienensuizid ist die wohl brutalste und gewaltsamste Form, seinem Leben vorzeitig ein Ende zu bereiten. Es fließt viel Blut, es werden verstümmelte Gliedmaßen vom Rumpf getrennt, und es werden viele andere Menschen rücksichtslos in Mitleidenschaft gezogen.

Weshalb sehen sich in unserem hochzivilisierten Land immer noch sterbewillige Menschen in großer Zahl genötigt, sich vor den Zug zu werfen, sich zu erschießen, sich zu erhängen, sich zu ertränken, sich von Brücken oder von Türmen zu stürzen, aus dem Fenster eines hohen Stockwerkes zu springen, sich die Pulsadern aufzuschneiden, Zyankalikapseln zu schlucken? Antwort: weil unsere Gesellschaft es noch nicht geschafft hat, ein Recht auf unkomplizierte Teilhabe an den bewundernswerten Errungenschaften der Pharmazie zu garantieren. Eine stabile qualifizierte Mehrheit dafür hat sich in der Bevölkerung seit langem herausgebildet und damit einem liberalen Spruch des obersten deutschen Gerichtes vorgearbeitet. In einer mit Recht als historisch bezeichneten Entscheidung hat das deutsche Bundesverfassungsgericht (BVG) mit Sitz in Karlsruhe im Frühjahr 2020 festgestellt, dass es das Recht der Einzelpersönlichkeit ist, selbstbestimmt sein Leben zu beenden. Gut so!

Wer nach einem ärztlich assistierten Suizid verlangt, bitte sehr. Es gibt aber auch Menschen, zu denen ich selber gehöre, die keine Lust haben, vor wildfremden Menschen nachweisen zu müssen, wie ernsthaft und dauerhaft und wie unmanipuliert ihr Wille zu sterben ist. Das ist eine unwürdige Bevormundung, eine paternalistische Anmaßung über das Lebenskonzept anderer. Wer über achtzehn Jahre alt ist (also mündig), sollte ohne verpflichtendes Beratungsgespräch über eine Apotheke freien Zugang zu einer kleinen, aber sicheren Dosis Natrium-Pentobarbital erhalten. Bei jüngeren Menschen wird eine Beratungspflicht einzuschieben sein. Ich räume ein: Hier besteht noch praktischer Klärungsbedarf. Wo Freiheit ist, besteht unvermeidlich auch die Möglichkeit des Irrtums und des Missbrauchs. Aber Irrtum und Missbrauch sind die kleineren Übel im Vergleich zum gewaltsamen Suizid in seinen verschiedenen Spielarten, die stets andere ahnungslose und unbeteiligte Menschen in furchtbare Mitleidenschaft ziehen. Ich erinnere an den spektakulären Suizid des Germanwings Piloten Andreas Lubitz, der am 24. März 2015 hundertfünfzig Menschen mit sich in den Tod riss, indem er seinen Linienflug von Barcelona nach Düsseldorf für seinen sorgfältig geplanten Lebensabschied nutzte und damit zum Massenmörder wurde. Er flog absichtlich gegen eine Felswand.

Im Übrigen mag es hilfreich sein, sich zu vergegenwärtigen, dass das Problem nicht völlig neu ist. Bei Marc Aurel, einem der aufgeklärtesten Geister der Antike, im Brotberuf römischer Kaiser, steht zu lesen. „In der Tat, wenn man kindisch zu werden anfängt, so behält man zwar das Vermögen zu atmen, zu verdauen, Vorstellungen und Begierden zu haben und dergleichen Wirkungen mehr; aber sich seiner selbst zu bedienen, seine jedesmalige Pflicht pünktlich zu beachten, die Eindrücke genau zu zergliedern, zu prüfen, wann es Zeit ist, aus diesem Leben zu scheiden, kurz, alles, was einen geübten Verstand erfordert, das ist in uns erloschen. Darum müssen wir eilen, nicht nur, weil wir uns immer mehr dem Tode nähern, sondern auch, weil die Fassungskraft und die Begriffe in uns schon oft vor dem Tode aufhören."[18]

Meisterwerke der bildenden Kunst mit humanistischer Aussage

Die Selbstentdeckung männlicher Individualität auf der Schwelle zur Moderne. Dürers Selbstporträt als Akt

Albrecht Dürer (1471–1528) Selbstbildnis als Akt. Feder- und Pinselzeichnung, Kunstsammlungen zu Weimar, Graphische Sammlung

Wir blicken auf ein Selbstbildnis Albrecht Dürers als Akt. Zu Lebzeiten hat er es nicht aus der Hand gegeben im Unterschied zu den anderen bekannten Selbstporträts, die heute in Paris, in Madrid, in Wien, in München zu betrachten sind. Dieses Bild ist sein persönlichstes, sein privatestes, sein intimstes Selbstbildnis, einzigartig im Gesamtœuvre Dürers, herausragend im Rahmen der europäischen Renaissance, ein Werk von beispielloser Radikalität in der Kunstgeschichte schlechthin. In ihm gipfelt der Mut, mit dem Dürer es als erster Künstler überhaupt gewagt hat, sich selbst zum alleinigen Thema eines Bildes zu machen. Der Schöpfer der Bildgattung Selbstporträt steht vor uns in völliger Nacktheit, und zwar als Dreiviertelporträt bis zu den Knien und im Dreiviertelprofil. Das hochformatige Bild ist eine Zeichnung mit den Maßen 29 x 19 cm (also etwa DIN A4 groß), angefertigt in einer ungewöhnlichen Mischtechnik von Feder, Pinsel und Kreide. Das Original liegt heute in den Kunstsammlungen des Schlossmuseums zu Weimar. Wie jedes Selbstbildnis dient es der Selbstverständigung und der Selbstfindung. Dürer stellt sich die Fragen: Wer bin ich? Wer bin ich als Mensch? Wer bin ich als Mann? Wer bin ich als Künstler?

Das Bild ist undatiert und stellt den Meister als etwa Fünfzigjährigen dar. Dies haben Kunsthistoriker und Urologen namentlich aus der Gestalt von Penis und Hoden erschlossen. Da Dürer 1471 geboren wurde, dürfte das Bild etwa gegen 1521 entstanden sein, also kurz nach der großen Reise in die Niederlande. Was ist das Besondere an diesem Selbstporträt? Weshalb hinterlässt es bei dem empfänglichen Betrachter spontan einen starken Eindruck? Was bringt das Bild in uns zum Schwingen? Welches Lebensgefühl drückt es aus? Worin besteht seine verblüffende Modernität? Ich beschreibe das Bild.

Die beiden wichtigsten Körperteile eines Mannes

Das Bild zeigt Dürer splitternackt von vorne stehend vor schwarzem Hintergrund in einer Badestube. Nur eine Netzhaube hält das lange Haupthaar zusammen. Helles, gleißendes Licht fällt auf den Oberkörper aus einer Quelle von außerhalb des Bildes oben rechts. Die Gestalt ist dem Betrachter zugewandt, leicht nach vorne gebeugt. Diese Haltung rührt offenbar daher, dass Dürer einen etwas zu kleinen Spiegel benutzt hat, um sich zu zeichnen. Der Künstler stellt sich dar als einen Mann von schlanker, aber keineswegs schmächtiger Gestalt. Er hat einen Körper, der langsam, aber unaufhaltsam zu altern beginnt, keinen glatten Body, der zum Zweck der Selbstpräsentation geschönt worden wäre. Unter dem Brustkorb rechts bildet die erschlaffende Haut eine Falte. Die beiden – außer den nicht dargestellten Händen – wichtigsten Körperteile eines Mannes, Gesicht und Geschlechtsorgan, sind besonders sorgfältig, ja eindringlich gezeichnet. Das Individuelle und das Allgemeine, Ich und Es, werden hervorgehoben. Das Gesicht ist ausgesprochen expressiv, ausdrucksstark gestaltet: mit schwungvollen Linien um die Augen. Penis und Hoden sind geradezu plastisch, knorpelig herausmodelliert. Kein Schamtuch, kein Schamblatt, kein Schamzweig verstecken das männliche Glied. Offen und natürlich wird es dem Blick dargeboten. Die Vorhaut ist leicht geöffnet. Albrecht Dürer präsentiert sich als Mensch mit Leib und Seele, als Mann aus Fleisch und Blut, ohne falsche Scham, als selbstbewusster Künstler, einem realistischen, diesseitsbezogenen Menschenbild verpflichtet.

Zu dieser unverkrampften Haltung war er herangereift im häufigen Austausch mit seinem Freund und Förderer Willibald Pirckheimer, einem wohlhabenden und weltläufigen Nürnberger Patrizier. Das sinnenfrohe Haupt des fränkischen Humanistenkreises hatte Dürer mit antiker Philosophie und Literatur bekannt gemacht und ihm so die Welt vorchristlich-„heidnischen" Denkens erschlossen. Pirckheimer hatte ihm auch die erste Venedig-Reise finanziell ermöglicht. Von seinen zwei Reisen nach Oberitalien war Dürer befreit, beglückt, bereichert zurückgekehrt. Dort hatte er nicht nur die Kunst der italienischen Renaissance in ihren Neuerungen studiert, sondern auch die Heiterkeit des Südens, ein mittelmeerisches Lebensgefühl, kennengelernt. Seither war er davon überzeugt: Zum vollen Menschsein gehören Körper und Geist, Vernunft und Trieb. Animalisches und Spirituelles, Phantasie und Sexualität haben jeweils ihr eigenes gutes Recht. Sie stehen in einer gesunden Spannung zueinander. Kein tragischer Konflikt muss sie auseinander reißen. Kein unüberwindlicher Dualismus zerlegt den Menschen in eine niedere und eine höhere Sphäre, sondern das Zusammenspiel zweier gleichrangiger, gleich notwendiger und gleich würdiger Kräfte macht die menschliche Natur aus.

Implizite Kritik am Christentum

So kritisiert und korrigiert Dürer mit diesem Selbstbildnis implizit die christliche Religion, die jahrhundertelang die Sinnlichkeit als Inbegriff sündiger Begierde (Konkupiszenz) dämonisiert, ja verteufelt hatte. Von alters her ist das Bad eine Stätte körperlichen Wohlbehagens und der Muße. Wasser und Wärme sind Balsam für Haut und Gemüt. Menschen pflegen sich, tun sich selbst etwas Gutes, verwöhnen sich. Mögen manche Männer ihr Liedchen trällern oder pfeifen, wenn sie im Badebottich sitzen. Albrecht Dürer gibt sich schweigsamer Besinnlichkeit hin. Dieser inneren Haltung aufmerksamer Selbstreflexion entspricht ein aufrechtes Stehen eher als ein lässiges Liegen oder

Sitzen. Dürer vergeistigt die Szene, indem er alle Gegenstände und Bade-Utensilien (außer dem Haarnetz) ausspart. Sie könnten bei der Konzentration auf das Wesentliche nur ablenken. Auch die Hände fallen paradoxerweise weg, obwohl er sie zur Herstellung des Selbstporträts unmittelbar benötigt. Die Füße fehlen ebenfalls. Denn jetzt ist nicht Zeit, hinauszugehen in die Welt, sondern innere Einkehr zu halten. Nicht Eingreifen in den Weltlauf, sondern Nachdenken über den Weltlauf ist angesagt. Dürer beäugt sich prüfend, betrachtet sich mit suchendem, fragendem Blick. Sein kraftvolles Gesicht zeugt von Intelligenz und Neugier. Er hat das Leben bereits geschmeckt, und er erwartet weiterhin etwas vom Leben. Er hat seinen hoch geachteten Platz in der Gesellschaft gefunden.

Ihm ist es gelungen, die Schranken der väterlichen Existenz als Goldschmied zu durchbrechen. Innerhalb weniger Jahre hat er den steilen Aufstieg vom anonymen Handwerker mittelalterlichen Zuschnitts zur frühmodernen Künstlerpersönlichkeit geschafft. Diesen lebensgeschichtlich und kunstgeschichtlich bedeutenden Vorgang des Heraustretens aus dem Dunkel zunftgebundenen Wirkens ins helle Licht der Geschichte fängt das Selbstbildnis gleichnishaft ein und verdichtet ihn zu einem Augenblicksgeschehen in der Badestube. Freilich erstrahlt Dürer nicht einfach nur in hellem Glanz. Licht und Schatten sind auf dem Bild differenziert verteilt, und es liegen auch leicht melancholische Züge über dem Gesicht. Eine Badestube zu jener Zeit wurde nicht nur der Reinigung und Entspannung willen aufgesucht. Sie war auch Stätte einfacher medizinischer Behandlung durch den sogenannten Bader. Dürer kränkelte seit seiner Rückkehr von der großen Reise in die Niederlande und nach Flandern. Er hatte sich dort vermutlich ein Malaria-Fieber geholt und war davon nie wieder gänzlich genesen. Deuten die eingefallenen Wangen auf dieses Leiden hin? Ein ständiger Kummer mag auch in Dürers Ehe begründet gewesen sein. Die Ehe war, wie damals üblich, von den Vätern ausgehandelt worden, und zwar, als Dürer auf Wanderschaft – also abwesend – war. Aus Briefen Willibald Pirckheimers geht hervor, dass die Ehefrau Agnes den Umgang ihres Mannes mit den freidenkenden Humanisten missbilligte und zu behindern suchte. Diese weltlichen und gelehrten Kreise waren für ihre engherzige spätmittelalterliche Frömmigkeit ein Ärgernis. Ein tieferes Verständnis für Dürers Künstlertum blieb ihr infolgedessen versagt.

So spiegeln sich in seinem Antlitz gegensätzliche Lebenserfahrungen. Es mischen und überlagern sich Gedanken und Gefühle, ohne dass sie sich freilich in selbstquälerische Grübeleien verlieren. Vor uns steht ein Mann, der sich seines Wertes und seiner Würde bewusst ist, ein Mann, der nichts zu verbergen hat und doch sein Geheimnis wahrt. Er entblößt sich und gibt sich doch keine Blöße. Er zeigt sich nackt, ohne exhibitionistisch zu werden. Er ist freimütig, aber nicht aufdringlich. Er sagt Ja zu sich und zum Leben in dieser Welt. Dürers Selbstporträt ist Zeugnis der deutschen Renaissance, in der die Klarheit und Heiterkeit des Südens mit der Innerlichkeit und Schwerblütigkeit des Nordens verschmelzen. Insofern hat das Bild eine geistige und eine sinnliche Ausstrahlung. Es zeigt einen Mann, der als Mensch seiner Zeit zu leben versucht, trotz aller herben Widerfahrnisse im Einklang mit sich selbst und offen für die Welt.

Keine Christusgestaltigkeit

An dieser Stelle sei eine bestimmte religiöse Deutung des Bildes zurückgewiesen, die Dürers Bild christomorph, christusgestaltig verstehen will. Gewiss hat Dürer sich selbst in dem bekannten Porträt von 1500, das heute in München hängt, mit den verklärten Zügen Christi dargestellt. In jenem Idealbildnis bekannte er sich sowohl zur imitatio Christi, zur gläubigen Nachfolge Christi, als auch zur gottgleichen Würde des schöpferisch tätigen Künstlers. In unserem Selbstporträt als Akt, gut zwanzig Jahre später entstanden, ist von derlei Überhöhungen nichts mehr zu spüren. Das Bild ist ein weltlich-humanistischer Beitrag zur „Emanzipation des Fleisches" (Heinrich Heine) und zur Hinfälligkeit des Fleisches.

Für eine christomorphe Deutung des Aktes werden in der kunsthistorischen Literatur vor allem zwei Hinweise gegeben: 1. Dürer stehe wie Christus an einer Marter- oder Geißelsäule. 2. Die Hautfalte über der rechten Hüfte ähnele der Seitenwunde Christi. Schauen wir genau hin. Über den wirklichen Sachverhalt lässt uns Dürer in seiner vielgerühmten Detailtreue nicht im Zweifel. Es gibt gar keine Säule auf dem Bild. Auch ist der Künstler nicht gefesselt. Ebenso wenig wird sein Fleisch gegeißelt, getötet, sondern in sinnlicher Unschuld zur Schau gestellt. Dürer stellt sich splitternackt dar, während er Christus stets ein Lendentuch umlegt und auch die Blöße Evas und Adams wenigstens mit einem Schamzweig bedeckt. Und die Hautfalte ist tatsächlich nur eine Hautfalte, die sich zwanglos aus der gebeugten Körperhaltung eines etwa Fünfzigjährigen erklärt. Es fließen auch kein

Wasser und Blut, wie sie zur Ikonographie der Seitenwunde des Gekreuzigten gehören. Das Bildnis gestaltet die Selbstentdeckung des menschlichen, konkret des männlichen Individuums. Es spricht uns so stark an, weil es am Anfang jenes gesellschaftlichen Prozesses steht, der in unseren Tagen zu seinem Höhepunkt und Ende gelangt: dem Individualisierungsschub.

Individualisierungsschub

Die Künstler und Denker der Renaissance formulierten den Anspruch des Menschen auf ein je eigenes Leben, auf je eigene Zeit, auf je eigenen, privaten Raum. Sie artikulierten die Sorge des Individuums um sich selbst, um den eigenen Körper, um die eigene Seele, um die Wahrung und Entfaltung der eigenen Identität. In diesem Aufbruch hat das Selbstporträt, hergestellt im Selbstauftrag, eine Schlüsselrolle gespielt. Nicht von ungefähr ist es eine ästhetische Errungenschaft jener Epoche. Von Albrecht Dürer sind etwa ein Dutzend Selbstporträts erhalten. Das früheste ist eine geniale Silberstiftzeichnung des dreizehnjährigen Knaben. Graphisch verdichtet hat sich Dürers ausgeprägtes Selbstbewusstsein später in seinem Monogramm AD, dem bekannten Meisterzeichen, mit dem er seine Werke stets signiert hat. Dürers Selbstporträt als Akt ist ein Bild vornehmlich für Männer, die über ihren Lebensweg nachsinnen und dabei nach Wahrhaftigkeit streben. Im Spiegel Dürers erkennen sie ihre Verletzbarkeit. Im Spiegel Dürers erfahren sie zugleich, dass sie dennoch kraftvoll am Leben teilhaben können.

Solche Männer braucht das Land.

Verletzbarkeit und Selbstbehauptung.
Frida Kahlos Selbstbildnis „Die gebrochene Säule" (1944). Ein Sinnbild menschlicher Grundbefindlichkeit

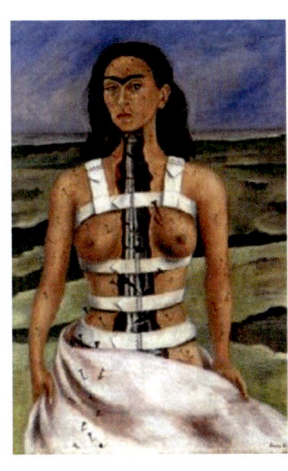

Das Thema des berühmten Bildes aus dem Jahre 1944 im Format 40 mal 30 cm sind die innere und äußere Verletzbarkeit, Wehrlosigkeit und zugleich die Möglichkeit der Selbstbewahrung, Selbstverteidigung, Selbsterforschung, Selbstdarstellung. Wir blicken auf ein anthropologisches Gleichnis von Schwäche und Würde, von Elend und Stärke, von Leid und Kraft. Wo anderen nur nach Greinen und Grämen zumute ist, beweist die Gestalt auf dem Bild auch Härte und Haltung. Das Kunstwerk gestaltet Fragilität und Vitalität der menschlichen Existenz. Wir schauen nicht auf ein medizinisch-anatomisches Abbild, das ärztliches Eingreifen ermöglichen soll. Wir schauen auf ein künstlerisch gestaltetes Sinnbild, das zu einer existenziellen Wesensaussage ansetzt, zu einer Wesensaussage über die individuelle Befindlichkeit der Malerin selbst, die erkennbar sich selbst porträtiert, über die speziell weibliche Lage und über die allgemein menschliche Beschaffenheit.

Taktgefühl und Diskretion

Das Bild veranschaulicht die condition humaine in Gestalt der condition féminine. Dies geschieht mit ästhetischem Taktgefühl, mit Diskretion. Wir werden Zeugen nicht einer Selbstentblößung Frida Kahlos, sondern einer Selbstinszenierung, einer Lebenskunst, in der sie Meisterin war. Sie weint. Aber die weißen Tränen zeugen nicht von Weinerlichkeit, sondern sie fallen wie edle Tropfen. Dem Bild fehlt alles Rührselige, Mitleiderheischende, Selbstquälerische. Freilich ist es auch keine geschönte, gezuckerte, geschminkte Selbstdarstellung. Wir sehen die Künstlerin als zerrissene, geschundene, gequälte Kreatur. Nicht nur ihr Blick ist versteinert, ihr Rückgrat ist versteinert und zerbrochen. Das Bild gestattet einen Blick auf das Äußere und ins Innere, erschließt also die gesamte Existenz. Inneres und Äußeres sind derart verschränkt, dass uns weder eine körperlose Seele vorgegaukelt noch ein seelenloser Körper dargeboten wird.

Der Aufbau des Bildes ist klar und einfach. Im Vordergrund und im Mittelgrund steht – dicht an den Betrachter herangeholt und ihm frontal zugewandt – Frida Kahlo als Halbakt. Um ihren Unterleib ist ein weißes Tuch geschlungen, das ihre beiden Hände festhalten. Die angeschnittene Dreiviertelfigur erhebt sich vor einer kargen, ja öden Phantasielandschaft, die hinten am Horizont in einen schmalen Streifen Meer übergeht. Fridas Kopf ragt in den Himmel hinein, dessen Blau das Schwarz ihrer Augen, ihrer Augenbrauen und ihres Haares hervorhebt. Ihr hoheitsvoller Blick – voll Schmerz, Trauer und Stolz – fordert uns heraus, sich ihrer Situation zu stellen. Die Wüste hinter ihrem Rücken korrespondiert mit ihrem verwüsteten Körper. Der vertikale Riss durch ihren Leib wiederholt sich in den horizontalen Furchen der Landschaft. Wie die geborstene Erde an die Verwerfungen eines Erdbebens erinnern mag, so lässt der geöffnete Körper an die Schrecken ihrer wiederholten chirurgischen Eingriffe denken.

Niemand ist zu sehen, der sie aus der Einsamkeit und dem Leid erlösen könnte. Zwar greift sie mit den zahlreichen Nägeln, die in ihrem Körper stecken, ein traditionelles Motiv der christlichen Kunst auf, das namentlich in der Passion Jesu und in der Legende vom Heiligen Sebastian verankert ist. Aber sie stellt sich selbst nicht als religiös inspirierte Märtyrerin dar. Die Nägel visualisieren „stechenden Schmerz" und finden ihre Parallele in den Pfeilen des „kleinen Hirsches", als den sich die Künstlerin zwei Jahre später darstellte. Möglicherweise spielt sie mit den Nägeln auch auf die sexuelle Untreue ihres Mannes Diego Rivera an, denn im Spanischen bedeutet „genagelt" umgangssprachlich auch „betrogen". Sie richtet ihren Blick nicht gen Himmel, um von dort Errettung zu erflehen. Ihr Blick ist geradeaus gerichtet – aus dem Bild hinaus, ins Leere. Das wallende, offene Haar und der wohlgeformte Busen – plastisch modelliert durch das teure orthopädische Lederkorsett – sowie ihre lackierten Fingernägel verweisen auf ein weltlich-humanistisches Selbstverständnis, das in der titelgebenden Säule seinen prägnanten Ausdruck findet.

Die zerbrochene Säule ist die Sinnachse des Bildes und Fridas Identitätsachse. Was ist die Bedeutung dieses geistvollen ästhetischen Einfalls, das eigene Rückgrat aus Knochen und Knorpeln, aus Nervensträngen und Blutadern zu ersetzen durch eine zerbrochene Steinsäule mit Rillen? Auf der ersten, unmittelbar autobiographischen Sinnebene wird damit wehklagend die allgegenwärtige Schmerzursache ihrer Tränen dargestellt. Infolge eines schrecklichen Verkehrsunfalls hat sie ihre natürliche Beweglichkeit verloren und ist versteinert, zum lebenden Fossil ihrer selbst geworden. Diese Versteinerung ist zusätzlich vielfach angeschlagen, ja geborsten. Neben der schwermütigen Trauer über den Verlust der Gesundheit enthält die Säule freilich noch eine zweite Sinnebene, durch die das Bild zu einem Schlüsselbild menschlicher Grundbefindlichkeit emporsteigt. Neben der Elegie steht die Pathosformel. Die Säule vergegenständlicht Frida Kahlos menschliche Würde, den Stolz, eine Frau, ein Mensch zu sein. Denn: Was ist, kulturgeschichtlich betrachtet, eine Säule? Eine Säule ist ein Stützpfeiler für vornehme Bauten, für Tempel, Villen, Schatzhäuser, Grabmäler. Eine Säule trägt etwas Wertvolles, nicht Alltägliches, hier stützt sie die exzentrische Persönlichkeit Frida Kahlos. Die zerbrochene Säule ist ein Sinnbild menschlicher Würde in ihrer Zerbrechlichkeit.

Das Bild nimmt Abschied von der Illusion einer heilen, vollkommen, unverletzbaren menschlichen Existenz. Es visualisiert das stets Ungesicherte, stets Gefährdete, stets Störanfällige unseres Lebens: das, was philosophisch abstrakt als Kontingenzerfahrung bezeichnet wird. Kein Schutzengel wachte 1925 über dem Verkehrsunfall in Mexiko-Stadt, bei dem ja nicht nur die achtzehnjährige Schülerin Frida Kahlo lebensgefährlich verletzt wurde, sondern ihr allein gelang es, die davongetragenen Verwundungen in große Kunst zu verwandeln. Wie haben die anderen Opfer ihr Schicksal gemeistert? Die Säule, die sich Frida Kahlo einpflanzt, ist ein Gebilde der altgriechischen Klassik. Das Kapitell unter ihrem Kinn weist sie als ionische Säule aus. Eine Frau, die stolz ist auf ihre mexikanische Herkunft, enthüllt als ihr Rückgrat keinen Bambus- oder Palmenstamm, sondern eine altgriechische Säule! Die Bemerkung ihrer Biographin, Hayden Herreras, die Säule wirke phallisch, führt in die Irre. Die Säule ist ein emphatisches Bekenntnis zum Europäertum und damit zu einer weltbürgerlichen Haltung. Die Bildidee erreicht darin ihren höchstmöglichen Allgemeinheitsgrad. Frida Kahlos zerbrochene Säule wird durch ein orthopädisches Korsett aus weißem Leder mit Schnallen zusammengehalten.

Meisterwerk des phantastischen Realismus

Es hilft und stützt, es verkörpert Freiheit und Unfreiheit. Frida Kahlos Bild „Die gebrochene Säule" ist eine grandiose Selbstinszenierung. Es schafft Distanz durch Verfremdung und macht so den Anblick des Unerträglichen erträglich. Das Bild ist eine beunruhigende Chiffre von Heimsuchung und Zuflucht. Als Meisterwerk des phantastischen Realismus zeigt es Grundzüge unserer eigenen Existenz. Auch bei wiederholter Betrachtung wird diese weltliche Ikone nicht langweilig.

Tizians „Toilette der Venus" – Stoisch-
epikureische Selbsterkenntnis vor dem
Spiegel, belohnt mit einem Siegeskranz.
Interpretation zu einem Meisterwerk
der italienischen Hochrenaissance

Wir betrachten ein Hauptwerk des italienischen Renaissancemalers Tizian, bekannt unter dem Titel „Toilette der Venus" oder auch „Venus mit dem Spiegel", in den Maßen 136 mal 106 cm, entstanden um 1555, heute im Original zu bestaunen in der National Gallery of Art in Washington. Tizians besondere Vorliebe für dieses Werk ist daraus ersichtlich, dass er es nicht zum Verkauf frei gab, sondern es für sich selbst in seiner venezianischen Villa aufbewahrte.

Was sehen wir? Ich skizziere in einem ersten Anlauf Bildaufbau und Bildidee. Wir sehen ein Augenblicksgeschehen – im wörtlichen und im übertragenen Sinne. Wir werden Zeugen, wie Venus, ihres Zeichens Göttin der Liebe und der Schönheit im griechisch-römischen Götterhimmel, vor dem Spiegel sitzend ihr Altern und damit ihre Sterblichkeit entdeckt. Diese Desillusionierung akzeptiert sie leicht verwundert, aber doch gelassen und wird dafür von einem pausbackigen Engelchen mit einem Siegeskranz belobigt.

Ein Vanitasbild der außergewöhnlichen Art

Ein Vanitas-Bild der außergewöhnlichen Art. Die Vergänglichkeit von Jugend und Schönheit wird nicht vor einer schaurigen Drohkulisse mit Knochengerippe und Stundenglas inszeniert.

Jugend und Schönheit werden auch nicht religiös herabgestuft zugunsten eines unvergänglichen Heils im Himmel. Vielmehr wird belobigt und belohnt diejenige, die sich souverän mit der eigenen Hinfälligkeit versöhnt. Damit vermeidet Venus falschen Stolz und fügt zur Schönheit des Körpers die Schönheit der Seele hinzu. Lebensgenuss und Einsicht in die eigene Endlichkeit bedingen und durchdringen sich. Als wohlgestalteter Blickfang prangt vor uns – in der Bildmitte – ein sitzender Halbakt, den Kopf ins Dreiviertelprofil gedreht. Die blühende, blonde Schönheit mit elegantem Schmuck der Haare und des Körpers, ist gehüllt in edle Gewänder, deren Stofflichkeit und Farbigkeit erheblich zum Wohlbehagen beim Betrachten des Bildes beitragen.

Venus schaut nach links, wo ihr ein kleiner draller Engel, ein Putto, einen Spiegel vorhält. Der Spiegel ist ein Zauberspiegel, der die Zukunft enthüllt: eine erkennbar gealterte Venus mit erschlaffter Haut im Gesicht und am Oberarm. Eben diese gealterte Venus ist es, die den Betrachter mit einem Auge frontal anschaut, fast stechend anschaut und uns damit ohne Worte anspricht. Nonverbal bedeutet sie uns: Nicht nur sie als Göttin, auch wir gehören zur Schicksalsgemeinschaft der Sterblichen, dem ehernen Kreislauf von Aufblühen und Verwelken unterworfen. In der Sitzfigur der Venus vor dem Spiegel hat Tizian kein individuelles Porträt gemalt, sondern ein repräsentatives Idealbild weiblicher Schönheit geschaffen – ein Sachverhalt, den die männerdominierte Geschichte der Malerei und Bildhauerei seit Jahrtausenden kennt. Venus sitzt vor uns auf einem thronartigen Stuhl mit hoher Lehne in der klassischen Pose der schamhaften Venus, der Venus pudica, die mit der einen Hand den Busen, mit der anderen Hand den Schoß zu bedecken versucht. Diese Pose entbehrt nicht der Koketterie. Denn das halb

Bedeckte ist zugleich das halb Enthüllte. Hier bei Tizian bedeckt der prunkvolle Pelzbesatz ihres Gewandes die Scham und bildet doch zugleich das Schamhaar im Rundbogen anspielungsreich nach. Über der Szene liegt ein warmer, satter, goldener Farbton, hervorgerufen vor allem durch das Dunkelrot des kostbaren Gewandes aus Samt mit Pelzbesatz und Seidenstickerei. Dieses Dunkelrot in der Art eines Mahagonirots gilt als koloristisches Markenzeichen Tizians und wird daher auch als Tizianrot bezeichnet. Tizianesk ist ebenfalls die sinnliche Freude am reichen Körperschmuck der Venus: Ketten, Ringe, Reifen an Fingern und an Armen, Perlen im kunstvoll frisierten und geflochtenen Haar.

Das Bildthema „Venus vor dem Spiegel" hat Tizian nicht erfunden, er hat es vorgefunden und charakteristisch umgeprägt. Aus zwei Dienerinnen oder auch zwei Kavalieren, die den Spiegel halten, werden zwei Putten. Statt bei eitler Selbstbespiegelung behilflich zu sein, leisten sie einen Dienst zur vertieften Selbsterkenntnis. Der geflügelte Knabe rechts hat Wichtigeres zu tun, als seine Liebespfeile abzuschießen. Deshalb liegt sein gefüllter Köcher zu seinen Füßen. Er ist damit beschäftigt, einen schwarz gerahmten Spiegel in Augenhöhe der Venus zu halten und in ihr Blickfeld zu drehen. Dass er sie damit überraschen möchte, zeigt das herunter rutschende Tuch in seiner linken Hand, das den Spiegel bis eben bedeckt hielt. Im nächsten Augenblick wird auch der zweite Engel-Knabe Venus einen Kranz aufs Haupt drücken: einen Kranz, der erkennbar kein Lorbeerkranz ist. Denn ein Lorbeerkranz mit seinen unverwelklichen immergrünen Blättern symbolisiert seit der Antike Unsterblichkeit, zumindest unsterblichen Ruhm. Der tizianische Kranz dagegen mit seinen farbigen Blüten prämiert – in sich stimmig – die Einsicht in das Trügerische dieser Erwartung.

Ewige Jugend ein trügerischer Traum

Tizians Bild erteilt dem Traum ewiger Jugend eine Absage. Ewige Jugend wäre ewige Unreife. Die Bildidee ist ihrer philosophischen Qualität nach stoisch-epikureisch. Stoisch ist die gelassene Einwilligung in das Unabänderliche, hier in das Naturgesetz des Alterns und Sterbens. Epikureisch ist die Schlussfolgerung daraus, gleichwohl dem Leben alle Reize abzugewinnen, die es in seiner Endlichkeit bereithält. Im Unterschied zu mittelalterlichen Totentänzen und barocken Darstellungen, wo hinter der Maske der Schönheit der Tod lauert, arbeitet Tizian nicht mit Angstmacherei und mit Drohung. Er setzt auf positive Verstärkung und belobigt die Akzeptanz der eigenen Vergänglichkeit. Sinnlichkeit wird von Weisheit durchdrungen. Der Schönheitsbegriff wird verinnerlicht und durchgeistigt, ohne die Lust an Haut und Haaren, an Stoffen und Spiegeln zu verleugnen, ohne das Vergnügen an einer feinen, glatten, geschmückten Oberfläche zu unterdrücken. Das Bild strahlt Stille und Würde aus. Es vermittelt die tröstliche Botschaft, dass auch Göttinnen dem Zahn der Zeit unterworfen sind. Insofern ist es nicht nur eine melancholische Huldigung an Frauenschönheit, sondern an das menschliche Dasein insgesamt. In einem Augenblicksgeschehen scheint die Flüchtigkeit aller Dinge auf. Ohne Worte werden wir ermuntert, uns damit zu versöhnen. Das warme, satte

Farbklima schmeichelt unseren Sinnen und streichelt unsere Seele. In jeder Wohnung wäre das Bild eine Zierde, eine weltliche Ikone der Selbstvergewisserung. Jeder verstehende Blick, den wir darauf würfen, verliehe unserem Alltag einen Zugewinn an emotionalem Tiefgang.

Mögen Tizians Kaiser- und Papstporträts, seine Altar- und Madonnenbilder heute vornehmlich kunst- und kulturgeschichtlich interessant sein. Sein Werk „Toilette der Venus" spricht uns Kinder des 21. Jahrhunderts unmittelbar an. Seine künstlerische Gestalt und sein ideeller Gehalt machen das Bild zu einem bleibenden Leitbild für nachdenkliche Menschen.

Grenzen der Liebe. Zwischen Begehren und Verweigern. Bildmeditation zu Max Beckmanns „Odysseus und Kalypso" (1943)

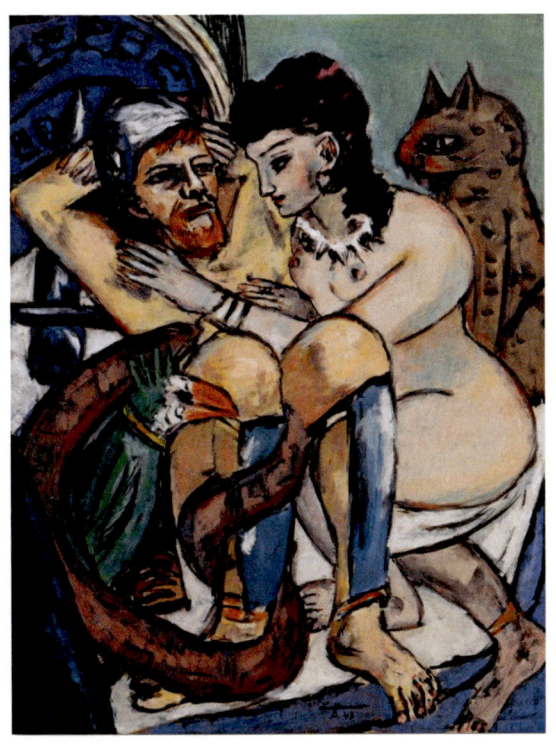

Wir schauen auf ein hochformatiges Ölgemälde mit den Maßen 150 zu 115 cm, das Max Beckmann 1943 in seinem Amsterdamer Exil geschaffen hat. Dorthin war er geflohen, nachdem die Nazis ihn als „entarteten Künstler" verfemt hatten. In seinem Tagebuch nannte er das Bild zunächst einfach „Großes Liebespaar". Später gab er ihm den dauerhaften Titel „Odysseus und Kalypso". Beide Titel deuten eine allgemeingültige Botschaft zum Verhältnis der Geschlechter an. Der endgültige Titel reiht das Bild ein in Beckmanns Spätwerk, das vielfach Bezug nimmt auf Themen und Gestalten der antiken Mythologie. Hier greift er die namensgebende Hauptfigur aus Homers Odyssee auf und gestaltet ein entscheidendes Ereignis in seiner Begegnung mit der Halbgöttin Kalypso. Diese hatte ihn sieben Jahre lang auf ihrer Insel festgehalten und möchte ihn auch weiterhin zum Bleiben bewegen.

Odysseus dagegen verzehrt sich vor Heimweh nach seiner Ehefrau Penelope und seinem Sohn Telemachos. Eben diesen bevorstehenden Abschied setzt Beckmann in Szene. Was sehen wir? Auf engem, ja auf engstem Raum kauert vor uns ein Liebespaar, weitgehend nackt, beide halb sitzend, halb liegend auf einem weißen Laken, das seinerseits auf einer blauen Lagerstatt ausgebreitet ist. Der Bildbetrachter ist dicht herangeholt und schaut mit leichter Untersicht zu beiden Gestalten empor. Kalypso, eine schöne, liebreizende Frau mit prallem, faltenlosen Körper, edler gerader Nase, schulterlangem schwarzem Haar, geschmückt mit einer Halskette aus Vogelfedern, mit Armreifen und Fußband, Kalypso neigt sich verführerisch zu Odysseus hin. Mit der linken Hand streichelt sie seine Achselhöhle, die rechte Hand ruht auf seinem Herzen. Doch selbst derartig erlesene Liebkosungen lassen Odysseus offenkundig unbeeindruckt. Zwar wehrt er sich nicht, aber er erwidert ihre Zärtlichkeiten auch nicht. Die Arme hinter dem Kopf verschränkt, an seinen Rundschild und sein Kurzschwert gelehnt, schaut er konzentriert in die Ferne, an Kalypso vorbei und aus dem Bild hinaus. Sein Kopf ist bereits behelmt, die stämmigen Beine sind bereits beschient. Das Metall schimmert weißlich im Licht und signalisiert Aufbruchsstimmung. Die muskulösen Schenkel verraten geballte Willensstärke. Odysseus wird jetzt den Weg gehen, den zu gehen er sich vorgenommen hat. Ein Weltenbummler und Abenteurer macht sich auf den Weg zur Rückkehr in die Heimat.

Odysseus' Gesicht ist ernst, vom Leben gezeichnet. Tiefe Falten rahmen seine Mundwinkel ein. Was mag in ihm vorgehen? Noch immer hallt in ihm der Seesturm nach, bei dem alle seine Gefährten ertranken und nur er allein überlebte. Halbtot war er auf den Strand einer Insel gespült worden, wo ihn die Nymphe Kalypso fand, die ihn in ihre schattige und moosbewachsene Grotte mitnahm – daher das Lindgrün rechts oben im Bild. So dankbar und willig er sich zunächst dem Liebeszauber seiner Retterin hingab, auf die Dauer obsiegte doch in ihm das Verlangen nach Gattin und Sohn. Vor Jahren hatte er sie verlassen, um in den Trojanischen Krieg zu ziehen. Welche Situation würde er wohl auf Ithaka, seiner Heimatinsel, vorfinden? Links unten am Bildrand und rechts oben neben dem Schild ragen zwei dunkle Holzbalken empor. Aus ihnen wird Odysseus sich das Floß zimmern, mit dem er in Kürze Kalypso und ihre

Insel verlassen wird, und zwar nicht ungeschützt, wie Schild und Schwert bezeugen. Schild und Schwert sind zwar eindeutig als Waffen identifizierbar. Aber dennoch drängt sich auch die Assoziation einer Uhr mit großem Zifferblatt und einem großen Zeiger auf, der kurz vor oder auf Punkt Zwölf steht. Soll angedeutet werden, dass die Zeit mit Kalypso abgelaufen ist?

Neben den zwei Menschen befinden sich noch drei auffällige Tiere im Bild. Sie begleiten, deuten und überhöhen die Begegnung zwischen Odysseus und Kalypso im Hinblick auf deren animalische Seite und das darin enthaltene dämonische Potential. Sie verdienen eine gesonderte Erörterung, die etwas später erfolgen wird. Das ideelle Kerngeschehen des Bildes ereignet sich in dessen oberem Drittel zwischen den beiden Köpfen, die – nicht nur im wörtlichen Sinn – auf gleicher Augenhöhe angebracht sind, obwohl sie sich nicht in die Augen schauen. Ihre bisherige Zusammengehörigkeit drückt sich aus in der ovalen Anordnung von Armen, Ellenbogen und Schultern. In dieser elliptischen Figur mit zwei Brennpunkten verdichtet Beckmann eine Erfahrung, die über den erzählerischen Ablauf des antiken Stoffs weit hinausgeht und uns Heutige nachdrücklich mit einbezieht. Der Künstler setzt ins Bild, dass und wie körperliche Nähe und emotionale Ferne, Hiersein und Fortsein sich verschränken, dass und wie Trieb und Trauer, Vitalität und Melancholie sich mischen können. Kein Mensch lebt geschichtslos nur im Hier und Jetzt, sondern immer auch im Dort und Damals sowie im Dort und Demnächst.

Ewige Jugend wäre ewige Unreife

Die Begegnung zweier Menschen ist die Begegnung zweier Welten, zweier Vergangenheiten, zweier Zukunftswünsche. Niemand kann seiner Vergangenheit entkommen. Im Kopf tragen wir stets unsichtbar ideelles Gepäck mit uns herum, vornehmlich Erinnerungen und Erwartungen. Sieben Jahre lang leben Odysseus und Kalypso nun schon zusammen. Die anfängliche Gastfreundschaft ist in eine Gefangenschaft umgeschlagen. Denn Kalypso will ihn nicht ziehen lassen, sondern begehrt ihn zum dauernden Lebenspartner. Als Halbgöttin lockt sie ihn auch mit dem Versprechen ewiger Jugend, wenn er denn bliebe. Aber Odysseus begreift, dass ewige Jugend nichts Wünschenswertes ist. Denn ewige Jugend ist ewige Unreife. Wer immer fünfundzwanzig bliebe, lernt all die weiteren Stufen des Lebens mit ihren zusätzlichen Möglichkeiten nicht kennen. So widersteht er den Einflüsterungen seiner mythologischen femme fatale, um als Sterblicher unter Sterblichen seines Weges zu gehen.

Welche Bewandtnis haben die drei Tiere? Zu dem bisher Gesagten fügen sie inhaltlich nichts Neues hinzu, sondern bekräftigen es, indem sie die animalische Seite des Menschseins noch einmal gesondert darstellen. Diese animalische Seite ist – im Sinne Beckmanns – kein peinlicher Makel an uns, sondern das zu bejahende und zu integrierende tierische Erbe in uns, das freilich auch dämonische Möglichkeiten in sich birgt, die ins Unglück stürzen können. Je eins der Tiere ist einer Person zugeordnet, eins ihrer Beziehung insgesamt. Die armdicke Schlange, die sich um den Unterschenkel des Odysseus windet und am Handgelenk der Kalypso züngelt, verkörpert das Verstrickte, Verschränkte, Verschlungene ihrer Beziehung. Zu Odysseus gehört der kakaduartige exotische Vogel. Beide sind durch dasselbe Rot in Schnabel und Bart verbunden und blicken in dieselbe Richtung. Der Vogel vermag, wovon Odysseus träumt: zu fliegen, zu fliehen, zu entkommen. Das katzenartige Wesen mit den großen Augen und den hochgestellten Ohren, das Kalypso über die Schulter schaut, ist, wie diese selbst, erdgebunden. Beide versuchen, Odysseus zum Bleiben zu bewegen, vergeblich.

Liebe ist unerzwingbar

Mit dem Bild „Odysseus und Kalypso" hat Max Beckmann ein Meisterwerk des deutschen Expressionismus geschaffen. Innerhalb seines umfangreichen Œuvres sticht es dadurch hervor, dass Personal und Verschlüsselung überschaubar gehalten sind – im Unterschied zu den großen Triptychen, die in Einzelheiten und Gesamtaussage vielfach rätselhaft bleiben. In archaisierenden Formen mit kräftigen schwarzen Konturen und in mediterran leuchtenden Farben hat er ein Bild gemalt, über dem eine vibrierend sinnliche Stimmung liegt. Angelehnt an einen klassischen Stoff der Weltliteratur, greift er ein Thema auf, das stets aktuell ist und jeden Menschen berührt: die Unerzwingbarkeit der Liebe. Selbst eine Halbgöttin wie Kalypso muss dies schließlich, wenn auch widerstrebend, anerkennen.

Steht der literarische Expressionismus mit seinem „O Mensch"-Pathos einem heutigen Lebensgefühl eher fern, so erreicht der Expressionismus in der Malerei mit seiner elementaren Gestaltungskraft auch unser gegenwärtiges Bewusstsein, wie neben Max Beckmann vor allem der Norweger Edvard Munch beweist. Beide stellen gerne archetypische Szenen dar, vornehmlich zwischen den Geschlechtern, und begeistern damit dauerhaft ein internationales Publikum. Unser Bild handelt von Begehren und Verweigern, von festhalten Wollen und loslassen Müssen, von Nähe und Ferne, von Vertrautheit und Fremdheit, von Innenwelt und Außenwelt. Diese komplexen Sachverhalte verraten in ihrer Zusammengehörigkeit, dass hier eine realistische Sicht auf das Geschlechterverhältnis zugrunde liegt: eine solche, die auf überdehnte Glücksverheißungen verzichtet. Möge Max Beckmanns Bild „Odysseus und Kalypso" uns noch lange begleiten.

„Die Jungfrau züchtigt den Jesusknaben vor drei Zeugen". Interpretation zu Max Ernsts Skandalbild von 1926

Wir schauen auf ein weltberühmtes Bild von Max Ernst: „Die Jungfrau züchtigt den Jesusknaben vor drei Zeugen". Der deutsche Hauptvertreter des Surrealismus schuf 1926 das großformatige Ölgemälde (196 x 130 cm). Heute hängt es im Kölner Museum Ludwig unweit des Domes und bildet dort eine Hauptattraktion. Als es erstmals im Pariser „Salon des Indépendents" gezeigt wurde, löste es einen Skandal aus. Anstoß erregte weniger die körperliche Züchtigung der christlichen Erlöserfigur durch seine jungfräuliche Mutter als vor allem das dadurch ausgelöste Herunterfallen seines Heiligenscheines. Entweiht liegt er nun in der Ecke und umschließt dort – kaum lesbar, aber doch zweifelsfrei – den Namen des Künstlers Max Ernst. Ein neckischer und zum Nachdenken anregender Einfall, der den Erlösungsanspruch von der Religion auf die Kunst übergehen lässt, wenn auch auf deutlich niedrigerer Ebene, gleichsam mit Bodenhaftung. Nach Paris wurde das Bild bald auch in Köln gezeigt, wo es noch heftigere Resonanz auslöste. Der Erzbischof erzwang die Schließung der Ausstellung, die der Kölner Kunstverein organisiert hatte. Sein Vorwurf der „Gotteslästerung" verfehlte seine Wirkung nicht. Max Ernst, beheimatet im benachbarten Brühl, war fortan verfemt in katholischen Kreisen. Diese denkwürdigen Vorgänge aus der frühen Wirkungsgeschichte des Bildes mögen das Interesse steigern, in dieses Meisterwerk der klassischen Moderne tiefer einzudringen, seine Komposition und Farbgebung zu verstehen und so den ideellen Gehalt zu erschließen. Der Bildaufbau ist klar und durchsichtig. Er lässt eine Liebe zur Geometrie erkennen, die sich nicht scheut, auch mit dem Lineal zu arbeiten, wie namentlich die Kulissen bezeugen. Vor den stellwandartigen Kulissen links und rechts und im Hintergrund erhebt sich – als titelgebende Figur – die Jungfrau Maria. Pyramidenförmig bildet sie ein nach oben zulaufendes spitzwinkliges Dreieck, ein klassisches Kompositionsschema von Marienbildern seit der Renaissance, das sich Max Ernst geschickt zunutze macht.

Die zwei langen Schenkel des Dreiecks werden freilich durchbrochen von den strampelnden Beinen des Jesusknaben und seinem angewinkelten linken Arm mit den abgespreizten Fingern. Dadurch wird die Konstruktion lebhaft, geradezu dramatisch aufgeladen, wozu auch der ungewöhnlich erhobene Arm der Madonna mit der noch ungewöhnlicher nach oben geöffneten Hand beitragen. Etwas Unerhörtes geschieht, etwas nie Gesehenes vollzieht sich vor den Augen und Ohren der heimlichen drei Zeugen, denen wir uns – auf Einladung des Künstlers – hinzugesellen dürfen.

Gerötete Gesäßbacken

Die Mutter Gottes, jahrhundertelang verehrt und verklärt als Inbild weiblicher Sanftmut, Milde und Duldsamkeit – hier entzaubert sie sich selbst. Dass sie bereits mehrfach kräftig zugeschlagen haben muss, verraten die geröteten Gesäßbacken ihres Söhnchens, dessen Schreie im blauen Wickeltuch nur gedämpft zu hören sind. Auf klassischen Marienbildern schauen die Mutter und ihr nacktes Kind in der Regel den Betrachter frontal an – mit lieblichem Blick, die Hände zum Gebet gefaltet oder zum Segensgruß erhoben. Hier dagegen sind Marias weit geöffneten Augen starr auf das Hinterteil ihres Sohnes gerichtet, das seinerseits – anstelle des Gesichtes – dem Betrachter zugewandt ist. Die große Tradition des abendländischen Marienbildes findet einen provokativ blasphemischen Endpunkt. Menschliches – allzu Menschliches nimmt den Platz ein, der einst für ein göttlich inspiriertes Heilsgeschehen von kosmischem Rang reserviert war. Der Traditionsbruch, den Max Ernst parodistisch inszeniert, lässt sich noch an weiteren Einzelheiten aufzeigen. Bis auf ihren Heiligenschein ist Maria aller überirdischen Attribute entkleidet. Herausgelöst ist sie aus allen Zusammenhängen, die auf eine Schlüsselrolle im christlichen Erlösungswerk hindeuten. Der mediterran leuchtende Himmel über ihr ist zwar offen, aber leer, und er bleibt leer. Er ist nur noch eine meteorologische, keine religiöse Größe. Kein himmlischer Thron steht dort in einem himmlischen Jerusalem für die Himmelskönigin bereit, kein himmlisches Personal, geflügelt oder ungeflügelt, dient ihr als Hofstaat. Wo einst ein Paradiesgärtlein mit Hecke und Rasenbank, mit heilkräftigen Pflanzen und edlen Rosen, mit Häschen und Vögelchen eine heile Welt vorgaukelte, da stehen jetzt sterile Stellwände, zwischen denen sich eine wenig erbauliche Familienszene abspielt. Meditative Stille und eine Haltung der Andacht, ja der Anbetung können hier nicht mehr aufkommen. Bei genauerem Hinsehen erweisen sich die Kulissen – aller Geometrie zum Trotz – als merkwürdig windschief und inkonsistent. Im Bühnenaufbau stimmt einiges nicht. Perspektiven und Linien und Winkel konkurrieren miteinander, am deutlichsten sichtbar in der Bildecke rechts unten, wo eine Linie zwar den Namen des Künstlers unterstreicht, aber als Diagonale in die Irre führt und im Nichts endet. Die Brüchigkeit des katholischen Marienglaubens findet hierin einen kompositorischen Ausdruck. Und doch hat Max Ernst mit Absicht nicht alle religiösen Bezüge aus seinem Bild verabschiedet.

Auch seine Maria trägt noch einen Heiligenschein. Auch seine Maria ist mit den traditionellen Farben der Himmelskönigin rot und blau eingekleidet. Und die auffällig erhobene Schlaghand ist zugleich eine Erinnerung an die nach oben zum Himmel geöffnete Hand der Orantin, der Beterin, die von dort die Gnade Gottes erfleht und empfängt. Selbst auf das verbreitete Motiv der Schutzmantelmadonna scheint er noch anzuspielen, wenn er den Jesusknaben seinen Kopf in das blaue Wickeltuch bergen lässt. Der Künstler hatte sich durchaus ikonologisch kundig gemacht, bevor er sein Bild malte.

Maria selbst ist eine üppige Frauenschönheit in einem eng anliegenden Kleid mit tiefem Dekolleté. Auch in früheren Jahrhunderten waren Madonnen nicht immer eindeutig von Venusfiguren zu unterscheiden, vornehmlich, seit sich in Mitteleuropa um 1400 das Ideal der „schönen Madonna" durchsetzte und aus der byzantinisch gestrengen Herrscherin „unsere liebe Frau" wurde. Der erotische Reiz von Max Ernsts Figur erhöht sich dadurch, dass die Mittelachse des Bildes zwischen ihren Brüsten und über den Gesäßbacken des Knaben verläuft. Dieser erfreuliche Anblick ist freilich nur den Betrachtern des ganzen Bildes vergönnt. Den drei heimlichen Zeugen im Bild bleibt er verborgen. Welches ist ihre Rolle? Die drei Männer verkörpern die kritisch-ablehnende Haltung Max Ernsts und seiner surrealistischen Freunde Paul Éluard und André Breton gegenüber dem als anstößig empfundenen Vorgang, dessen Zeugen sie – wohl eher unfreiwillig – geworden sind. Hinter einer dünnen Wand postiert, wahren sie erkennbaren Abstand. Durch die Fensterluke lassen sich auf ihren Gesichtern individuelle Feinheiten ihrer

Distanzierung ablesen. Die linke Figur, vermutlich Max Ernst selbst, rümpft die Nase und schaut verächtlich über die Schulter. Die mittlere Gestalt fixiert mit stechenden Augen das Geschehen, wohingegen sich der rechte Mann entrüstet abwendet.

Gewaltpotential der christlichen Religion

Mit den drei Zeugen greift der Künstler ein weiteres Traditionsmotiv von Marienbildern auf. Aber statt einfältiger Hirten und weit angereister Weiser oder Magier, die der Himmelskönigin und ihrem Erlöserkind ihre Huldigung darbringen, nimmt er drei lebende Intellektuelle mit ins Bild, die ein modernes kritisches Bewusstsein, nicht zuletzt ein modernes religionskritisches Bewusstsein repräsentieren. Um die Sache sofort auf den Punkt zu bringen und endlich den ideellen Gehalt des Bildes zu benennen: Max Ernst thematisiert das Gewaltpotential der christlichen Religion. Anhand einer von ihm selbst erfundenen Episode aus dem Marienleben ermöglicht er einen Einblick in das Binnenverhältnis zweier Schlüsselfiguren der christlichen Heilslehre. Die dargestellte Szene zwischen Mutter und Sohn gestaltet visionär das spätere Verhältnis zwischen Vater und Sohn, bei dem nicht nur der Hintern gerötet ist, sondern echtes Blut fließt. Gott selbst gibt seinen Sohn hin zum blutigen Opfertod am Kreuz auf Golgatha, um damit die Menschen von ihren Sünden zu erlösen, wie es die liturgischen Worte des christlichen Hauptsakraments formulieren. Vom neutestamentlichen Ansatz her ist die christliche Erlösungsidee an einen blutigen

Gewaltakt gebunden, bei dem ein Unschuldiger für die Schuld der anderen sterben muss.

Max Ernst wuchs auf in einer streng katholischen Lehrerfamilie. Sein Vater hat ihn wiederholt geschlagen, zugleich aber auch – zu Festtagen – als Engelchen ganz in Weiß gekleidet und als süßlichen Jesusknaben gemalt. In diesem Sinne hat das Madonnenbild einen autobiographischen Hintergrund. Es dokumentiert den Emanzipationsprozess des jungen Künstlers von der elterlich überkommenen christlichen Religion römisch-katholischer Konfession. Zugleich aber weist es in seiner künstlerischen Darstellung und allgemeinen Aussage weit über seine privaten Entstehungsanlässe hinaus. Wir bewundern ein Kunstwerk von seismographischer Qualität: kein Gnadenbild, kein Kultbild, sondern ein Denkbild.

Zusammenfassender Ausblick. Humanismus als Dreiklang: Weltvergnügen – Weltschmerz – Weltethos

Eine gute Philosophie des Humanismus richtet ihren Blick auf die gesamte Bandbreite des Lebens, hat dessen Abgründe und Höhen vor Augen, vor allem aber seine „Normalität", seine Alltäglichkeit. Diese können höchst unterschiedlich ausfallen je nach Zeit und Ort und nach den gesellschaftlichen Umständen. Insofern gehören eine wache Diagnostik dieser Koordinaten und eine selbstkritische Reflexion über die eigene Situation unverzichtbar dazu. Deshalb sei festgestellt, dass die von mir vorgeschlagene Humanismusvariante nicht denkbar ist ohne die langjährige Hintergrunderfahrung einer sozial- und rechtsstaatlichen Komfortzone in Mitteleuropa. Der Autor, inzwischen ein „alter weißer Mann", war in seinem jungen und mittleren Erwachsenenalter zwei erheblichen weltanschaulichen Irrtümern aufgesessen. Zunächst glaubte er der christlichen Botschaft vom universalen Erlösungstod des Jesus von Nazareth, dann glaubte er der marxistischen Botschaft von der sozialen Befreiungsmission des Industrieproletariats. Aber belehrt durch ein erneutes und vertieftes Studium vornehmlich der antiken Philosophie und der europäischen Aufklärung sowie durch ideelle Teilhabe an den stürmischen Prozessen der

Gegenwart, hat er sich zu einem säkularen Humanismus emporgeläutert.

Zu dessen literarischer Darstellung orientiert er sich an der elementaren Einsicht des österreichisch-britischen Philosophen Ludwig Wittgenstein, der im Vorwort zu seinem „Tractatus logico-philosophicus" (1921) schreibt: „Was sich überhaupt sagen lässt, lässt sich klar sagen; und wovon man nicht reden kann, darüber muss man schweigen." So ist es und so soll es sein und bleiben.

Im Folgenden umkreise ich erneut die Frage, der dieses Buch insgesamt gewidmet ist: „Was ist und wozu dient Humanismus?" Eine humanistische Sichtweise auf die Welt und auf das Menschenleben lässt sich zunächst charakterisieren durch das, was und wie sie nicht ist: Sie ist nicht zynisch, nicht nihilistisch, nicht negativistisch (das heißt: nicht auf das Negative fixiert), nicht hämisch, nicht arrogant, nicht snobistisch, nicht besserwisserisch, nicht selbstherrlich, nicht auftrumpfend, nicht herrisch, freilich auch nicht naiv und nicht unbedarft, nicht gutgläubig geschweige denn leichtgläubig, sondern kritisch und selbstkritisch, fragend, der Vernunft und dem gesunden Menschenverstand verpflichtet, orientiert am menschlichen Wohlergehen und an menschlicher Freiheit und Würde.

Kein Streben nach Vollkommenheit

Humanismus hängt an der menschlichen Vernunft, freilich eingedenk der ständigen Möglichkeit, dass die Vernunft, weil menschlich, fehlbar ist, irrtumsfähig und krankheitsanfällig. Vernunft kann in Unvernunft umschlagen, ja in Wahn und Verblendung entarten. Verblendung kann in Verblödung enden. Hierauf hat wiederholt Karl Jaspers verwiesen, der vor seiner Tätigkeit als Philosoph in der Psychiatrie wirkte. Anders als ein verbreitetes Wunschbild in Philosophie- und Religionsgeschichte strebt weltlicher Humanismus nicht nach Vollkommenheit. Weder ist die Welt vollkommen oder könnte es je sein, noch sind die Menschen und ihre Projekte vollkommen oder könnten es je werden. In der neutestamentlichen Bergpredigt, die vielfach als höchster Maßstab von Ethik unkritisch verherrlicht wird, fordert dagegen die christliche Erlösergestalt: „Darum sollt ihr vollkommen sein, gleichwie euer Vater im Himmel vollkommen ist." (Matthäus 5,48) Dieser anthropologische Optimismus hat sich bis in die Renaissance durchgehalten und spielt dort im Ideal des universalen Menschen (uomo universale), der allseitig entfalteten Persönlichkeit, eine ambivalente Schlüsselrolle.

In der Gegenwart propagiert der israelische Historiker Yuval Noah Harari eine besondere Spielart der Vollkommenheitsillusion. In mehreren flott geschriebenen Büchern zeichnet der in Jerusalem an der Hebräischen Universität tätige Gelehrte, der auch die populäre Darstellungsweise der Graphic Novel nicht verschmäht, in universalhistorischer Tradition ein optimistisches Gesamtbild der Menschheitsgeschichte. In dem Buch „Homo Deus. Eine Geschichte von Morgen" verkündet er die angeblich sich zeigende „Gottgleichheit des Menschen". Dieser bombastische Triumphalismus, der an jüdische Messiasideen gemahnt, wurde von Michael Schmidt-Salomon, dem Vordenker der Giordano-Bruno-Stiftung, einer treffenden Kritik unterzogen, die auch Hararis verworrene und verwirrende Humanismusbegrifflichkeit miteinbezieht.[19]

„Pflücket die Rose, eh sie verblüht"

Das humanistische Weltvergnügen, das ich als erstes Merkmal des hier vorgestellten Humanismusbegriffs nenne, ist eine Lebensfreude, die darauf beruht, für eine kurze Frist – unverdient und unverfügbar – eine Rolle im großen Welttheater spielen, das heißt mitspielen zu können. Der philosophische Hintergrund ist das epikureische, vom römischen Dichter Horaz formulierte „Carpe diem" (Nutze den Tag). In einem schlichten deutschen Volkslied wird diese Ermahnung so besungen: „Freut euch des Lebens, weil noch das Lämpchen glüht, pflücket die Rose, eh sie verblüht." Dass ich am Leben teilhabe, konnte ich mir nicht aussuchen. Mit meiner Geburt wurde ich ins Sein geworfen und stehe vor der Frage, wie damit umzugehen sei. Wohl den Menschen, die das Beste aus dem nun einmal vorgegebenen Sachverhalt zu machen verstehen und Wege finden, sich an der Gabe des Lebens zu freuen. Das ist das Problem der Lebenskunst, die eine wirkliche Kunst ist, und zwar die schwerste aller Künste. In ihr trifft eigene Kunstfertigkeit, die verschiedene Stufen kennt, auf schicksalhaft vorgegebene Verhältnisse.

Friedrich Schiller irrt, wenn er in seiner berühmten Ode die menschliche Freude zum „Götterfunken" überhöht und ihr als

„Tochter aus Elysium" einen paradiesischen Ursprung beilegt. Dieser schwärmerische Enthusiasmus prägt freilich nicht sein ganzes Werk, wie die Ballade „Der Ring des Polykrates" zeigt. Dort heißt es mit programmatischem Realismus: „Des Lebens ungemischte Freude/ ward keinem Irdischen zuteil." Im Gedicht „Resignation", auf das ich später zurückkomme, wird er noch deutlicher.

Lebensfreude nützt der Lebenstüchtigkeit. Sie hat eine lebensdienliche Komponente, weshalb die Menschen mannigfache Wege gefunden haben, Lebensfreude künstlich und künstlerisch herzustellen, zu pflegen, zu befördern, zu organisieren, zu inszenieren. In manchen Weltgegenden wird ihr eigens eine ganze Jahreszeit gewidmet. In dieser „fünften Jahreszeit" geht es ausschließlich um „Spaß an der Freud", wie es in Köln, einer Hochburg des Schunkelns, heißt. Dass es dabei auch recht seicht und derb zugehen kann, sei eingeräumt und akzeptiert. Niemand kann und muss immer ernst und tiefsinnig sein.

Was ist Weltschmerz?

Was ist Weltschmerz, und welche Rolle spielt er im Humanismus? Den Begriff Weltschmerz, von Jean Paul geschaffen und als deutsches Fremdwort in mehrere Sprachen übernommen, verwende ich hier gleichbedeutend mit Melancholie. Gemeint ist jene stille, hintergründige Trauer angesichts der strukturellen Unvollkommenheiten der Welt, die sich allgegenwärtig in Kummer, Schmerz und Leiden aller Art bemerkbar macht. Weltschmerz schmälert und dämpft zwar die Lebensfreude, ist aber klar von Depression als einer meist heilbaren Gemütskrankheit zu unterscheiden. Ein humanistisches Lebensgefühl verbindet Weltvergnügen und Weltschmerz in individuellen Mischungen, die schwierig sind, aber nicht unmöglich. Beide Haltungen begrenzen und ergänzen sich gegenseitig. Dadurch ermöglichen sie ein Weltethos des Mitleids, das an praktischer Abhilfe arbeitet, aber meist bloß Linderung erreicht.

Kindersoldaten und Kindersoldatinnen

Die strukturellen Mängel und Übel der Welt sind jene Umstände und Sachverhalte, an denen Mensch und Tier leiden und die nicht abzuschaffen sind. Bei Kinderpornographie beispielsweise können zwar die meist männlichen Täter im Darknet aufgespürt und bestraft werden. Aber was ist mit den missbrauchten Kindern? Was ihnen angetan wurde, traumatisiert sie für ihr Leben. Analoges gilt für Kindersoldaten und -soldatinnen, die unter Drogen zwangsrekrutiert und mit Hilfe nationalistischer Ideologien dazu abgerichtet wurden, Menschen zu morden. Auch sie sind für ihr Leben gezeichnet. Die bestialischen Verbrechen, die sie auf Befehl skrupelloser Warlords begangen haben, bleiben untilgbar. Sie begleiten sie durch das ganze Leben und brechen immer wieder in quälenden Erinnerungen hervor.

Im Tierreich liegen die Dinge anders, aber doch auch vergleichbar. Zwar gibt es auch dort rührende Beispiele wechselseitiger Hilfe, worauf bereits Charles Darwin, vor allem aber Peter Kropotkin in seinem Buch „Gegenseitige Hilfe in der Tier- und Menschenwelt" (1902) hingewiesen hat. Aber das Grundgesetz im Tierreich lautet gleichwohl: „Fressen und gefressen werden". Menschlicher Weltschmerz erwächst daraus, dass ein anderes Ernährungsverhalten im Tierreich gar nicht möglich ist. Angst und Schrecken und Gewalt sind strukturell angelegt und gehören zum Wesen der Natur. Raubtiere leben vom Zerfleischen von Beutetieren. Dass Löwen einmal Stroh fressen werden und der Wolf friedlich beim Lamm lagert, wie es die messianische Endzeitvision des Propheten Jesaja (11,6–7) verheißt, ist gut gemeint, aber illusionär, weil biologisch unmöglich. Es gibt eine bleibende Aggressivität und Unversöhnbarkeit in der Natur.

Natur, das sind eben nicht nur liebliche Schneeglöckchen und niedliche Eichhörnchen, sondern auch zahlreiche monströse Gewaltsamkeiten, die nicht erst vom Menschen in die Evolution eingebracht worden sind. Die vor- und außermenschliche Natur ist sehr erfinderisch im Entwickeln von listigen, ja hinterlistigen Techniken, wie hungrige Tiere fressbare Beutetiere zur Strecke bringen können. So sind im Laufe der Evolution furchteinflößende „Zähne und Klauen" entstanden, die auch für menschliche Rivalitäten sprichwörtlich geworden sind. Auch gibt es blitzschnell hervorschießende Zungen von Schlangen, die tödliche Gifte verspritzen. Der leider bereits verstorbene österreichische Biologe und Philosoph Franz M. Wuketits hat in mehreren gut lesbaren Publikationen diese Sachverhalte beschrieben und damit einer oberflächlichen Naturromantik entgegengewirkt.

Wie kommt Friedrich Schillers frühes Gedicht „Resignation" (1785/86) an dieser Stelle ins Spiel? Ich ziehe es heran, weil es als Beispiel seiner philosophischen Lyrik einen klärenden Beitrag zur innerweltlichen Verankerung des Weltschmerzes leistet, wie der Titel bereits erahnen lässt. Die von der christlichen Religion erhoffte „Unsterblichkeit" wird darin schroff als „Fieberwahn" abgetan: „Kein Toter kam aus seiner Gruft gestiegen". Schiller nimmt Abschied von einem christlichen Kerndogma, der Jenseitserwartung, was vielen naiven Schillerverehrern nahezu unbekannt ist. Der Untertitel des Gedichtes „Eine Phantasie" musste auf Druck der Zensur hinzugefügt werden, um das Anstößige zu mildern und das Blasphemische zurückzunehmen.

„Die Weltgeschichte ist das Weltgericht"

Die eigentliche inhaltliche Provokation, die das Gedicht bereithält, steht in der Zeile: „Die Weltgeschichte ist das Weltgericht." Damit ist gesagt: Es folgt kein Weltgericht mehr an einem „Jüngsten Tag", an dem ein allmächtiger Gott als gerechter Weltenrichter beim Schall der Posaunen auftritt und die Guten, die Gläubigen, gnädig belohnt und zornig die Bösen, die Ungläubigen, bestraft. Das wird als „Fieberwahn" zurückgewiesen. Den Begriff des Weltgerichtes behält Schiller allerdings bei und prägt ihn um. Was geschehen ist, ist für alle Ewigkeit so geschehen und steht so da, für immer, unwiderruflich. Die Millionen Kriegstoten bleiben in alle Ewigkeit ungesühnt. Worin sollte auch die Sühne bestehen? Alle Übel und alle Wohltaten, die Menschen je erlebt haben, stehen für sich in einer tragikomischen Ereigniskette. Als Schlussfolgerung ergibt sich: Genießt alle Glücksgüter hier auf Erden, eine Fortsetzung geschweige denn eine Steigerung nach dem Tode wird es nicht geben.

Küng erhebt Nichtglaubende in den Rang strategischer Bündnispartner

Auf Weltvergnügen und auf Weltschmerz in ihrer Verbindung folgt das Weltethos als der Versuch, die Welt schrittweise praktisch zu verbessern. Der Begriff Weltethos ist von dem Schweizer katholischen Theologen Hans Küng seit 1990 mit großem Echo in die Debatten eingebracht worden. Er bezeichnet das Projekt einer Sozialethik, die von Menschen auf der ganzen Welt geteilt und realisiert werden kann, unbeschadet ihrer bisherigen Zerklüftungen in religiöser, politischer und kultureller Hinsicht. Ich knüpfe gerne an Küngs Werk an, weil die Programmschrift „Projekt Weltethos" von 1990 ein Hauptkapitel enthält, das die Überschrift trägt: „Eine Koalition der Glaubenden und Nichtglaubenden" (58). Das klingt verheißungsvoll und öffnet in der Tat den sonst üblichen engen, weil bloß innerreligiösen und interreligiösen, Dialog für einen Dialog auf der Höhe der Zeit. Die wachsende Zahl der nicht mehr religiösen Bevölkerungsteile wird nicht länger ausgeschlossen. Ja, Küng betont eigens, dass „auf eine Koalition zwischen Glaubenden und Nichtglaubenden größtes Gewicht zu legen" sei (62), wolle man nicht in einer „vormodernen" Position verharren.

Indem Küng die „Nichtglaubenden" in den Rang strategischer Bündnispartner erhebt, vollzieht er stillschweigend eine beachtliche geistige Revolution. Der Jahrtausende alte Überlegenheitsdünkel der Religion, zumal der christlichen Religion, wird verabschiedet. Unglaube in jeglicher Gestalt wird nicht länger als ein strafwürdiges Vergehen verdammt oder als dämonische Verblendung verfemt. Ja, angesichts der Zerstrittenheit der Religionen untereinander und der Christenheit in sich selbst nimmt es nicht wunder, dass er nicht etwa eine religiöse Formel, sondern ausgerechnet „das Humanum als ökumenisches Grundkriterium" angibt (118). Eine späte Bestätigung Ludwig Feuerbachs. Ob sie Küng bewusst war?

Vier klassische Kardinaltugenden

Mein Vorschlag zu einem Weltethos ist kurz und knapp. Ich empfehle, die vier klassischen Kardinaltugenden, die auf Plato und Aristoteles zurückgehen, als Leitideen zu nutzen. In einer gängigen Reihenfolge lauten sie:

1. Klugheit
2. Gerechtigkeit
3. Tapferkeit
4. Mäßigung.

Wer sich an diesem Kanon orientiert, betritt ein bewährtes theoretisches Fundament, das auf alle Eventualitäten des Lebens anwendbar und anschlussfähig an diverse geistige Ansätze ist.

Sinnvoll lebt und richtig handelt, wer den Primärtugenden der Klugheit, der Gerechtigkeit, der Tapferkeit und der Mäßigung nacheifert. Sie liefern die großen ethischen Leitplanken im Leben. Einzuräumen ist ihre Allgemeinheit und Abstraktheit. Sie bedürfen der inhaltlichen Füllung und Konkretion und sind nicht geschützt vor Missbrauch und irriger Anwendung. Das teilen sie mit allen anderen menschlichen Hervorbringungen. Vor allem bedürfen sie der Komplettierung durch die sogenannten Sekundärtugenden, wie etwa die Pünktlichkeit, die Zuverlässigkeit und die Disziplin, ohne die kein erfolgreiches Arbeitsleben, aber auch kein Privatleben stattfinden kann.

Klugheit als geistige, nicht praktisch handelnde Tugend steht an erster Stelle, weil richtiges Handeln eine zutreffende Einschätzung der Lage und eines Sachverhaltes voraussetzt. Klugheit ist vor allem ein lebens- und weltkluges Urteilsvermögen. Es gilt, möglichst „das Ganze" in den Blick zu nehmen, jeden Tunnelblick zu vermeiden und zu erwartende Folgen und Nebenfolgen einer Handlung miteinzubeziehen. Insofern ist dieses humanistische Weltethos eine Spielart von Max Webers „Verantwortungsethik", die sich von einer bloßen „Gesinnungsethik" abhebt.

Gerechtigkeit ist der entscheidende Inhalt des Weltethos. Dabei drängt sich sofort das schwierige Problem auf: Was ist Gerechtigkeit? Das ist eine Jahrtausendfrage, die die Geschichte der Menschheit durchzieht und nicht ein für alle Mal beantwortet werden kann. Gerechtigkeit ist eng mit Gleichheit verbunden, aber nicht mit ihr identisch. Gerecht ist nicht, wenn alle dasselbe bekommen, das wäre abstrakte Gleichmacherei. Die Gleichheit aller vor dem Gesetz ist dagegen ein unverzichtbares Element von Gerechtigkeit. Heute ist fast täglich in öffentlichen Debatten von Gerechtigkeit die Rede, sei es, dass die Wohlstandsverteilung auf der Welt zutreffenderweise als schreiende Ungerechtigkeit angeprangert wird, sei es, dass eine Vermögensumverteilung durch eine tiefgreifende und gerechtere internationale Steuergesetzgebung eingefordert wird.

Die griechisch-römische Antike hat im Rahmen ihrer Debatten über Verteilungsgerechtigkeit mit der Formel geantwortet: Jedem das Seine, „Suum cuique" auf Latein. Arglos gemeint war damit: Jeder Mensch soll so viel erhalten, wie ihm – gemäß seinem Leistungsanteil, gemäß seinem Beitrag zum Gesamtwohl – zusteht. Wie ein solcher „fairer Anteil" jedoch konkret aussieht, ist wiederum oft umstritten. Deshalb hat sich im Rahmen von Gewaltenteilung das Ideal einer unparteiischen und unabhängigen Gerichtsbarkeit herausgebildet. Wobei auch hier die Tragik bleibt, dass auch Gerichte durch alle Instanzen hindurch irren können.

In Verruf geraten ist die Formel „Jedem das Seine" durch den Zynismus im NS-Regime, das diese Worte als Motto über das Eingangstor zum KZ Buchenwald setzte. Damit sollte ausgedrückt werden: Was hier den Insassen widerfährt, das geschieht ihnen zu Recht. Diese offenkundige Missbrauchsmöglichkeit entbindet nicht im Geringsten davon, jederzeit nach Gerechtigkeit zu streben und dabei auch auf den gesunden Menschenverstand zu achten.

Tapferkeit als zivile Tugend

Die dritte Kardinaltugend, „Tapferkeit", hat nur vermeintlich eine militärische Spitze. In vielen Lebenslagen ist Tapferkeit gefordert als die Fähigkeit, sich zu behaupten und auch gegen Widerstände das gerade Notwendige und als richtig Erkannte zu tun. Tapferkeit ist Beharrlichkeit, Standhaftigkeit, Unerschrockenheit in einem Konflikt. Sie setzt die Bereitschaft voraus, auch Schmerzen zu erdulden. Tapferkeit ist eine produktive Antwort auf den strukturellen Sachverhalt, dass menschliches Leben immer auch Kampf und Härte mit sich führt. Im Einzelfall kann sie die Gestalt der Sturheit annehmen. Kurz: Wer sich nicht wehrt, lebt verkehrt.

Michael Kohlhaas

Damit Kampf und Härte freilich nicht in Hass und Fanatismus ausarten, lautet die vierte und letzte Primärtugend „Mäßigung" oder Maßhalten. Auch das Streben nach Gerechtigkeit darf nicht maßlos werden und dem Fanatismus verfallen. Dadurch zerstört es sich selbst. Der deutsche Dichter Heinrich von Kleist hat darüber in seiner Novelle „Michael Kohlhaas" (1808/1810) ein zeitlos klassisches Lehrstück geliefert. Darin widmet er sich nicht der Problematik einer strukturellen Ungerechtigkeit, sondern greift das Einzelschicksal des historischen Pferdehändlers Michael Kohlhaas im 16. Jahrhundert auf. Erzählt wird, wie aus einem unbescholtenen und rechtschaffenen Menschen, dem durch feudale Willkür zwei Pferde geraubt werden, ein gewalttätiges Ungeheuer wird, das bedenkenlos Gesetze bricht. Nachdem alle legalen Versuche gescheitert sind, die Pferde zurück zu erhalten, greift Kohlhaas zur Selbstjustiz und geht auch im wörtlichen Sinn über Leichen. Er denkt nur noch an sein Eigentum und zerstört damit seinen eigenen anfänglichen Rechtsanspruch. Fanatismus und Extremismus sind immer von Übel.

Alles in allem

Ich beende dieses Büchlein mit den Worten, die Ludwig Feuerbach wählte, um seine Vorträge über das „Wesen der Religion" im Rathaus zu Heidelberg zu beenden. Im Frühjahr 1849 sagte er, sein Ziel sei es gewesen, seine Hörer „aus Gottesfreunden zu Menschenfreunden, aus Gläubigen zu Denkern, aus Betern zu Arbeitern, aus Kandidaten des Jenseits zu Studenten des Diesseits, aus Christen (…) zu Menschen, zu ganzen Menschen zu machen". Dem stimme ich gerne zu.

Anmerkungen

1. Ernst Toller, Eine Jugend in Deutschland, rororo 4178, S. 162
2. Bei Vers 523 der Antigone des Sophokles zitiere ich eine ältere, klassisch gewordene Übersetzung („Nicht mitzuhassen, mit zu lieben bin ich da". Die übrigen Verse nach der aktuellen Reclam XL 19244 Ausgabe, übersetzt von Kurt Steinmann.
3. Zitiert, leicht abgewandelt, nach Wilhelm Capelle, Die Vorsokratiker, S. 142.
4. Zitiert nach Blaise Pascal, Le coeur et ses raisons. Pensees (dtv zweisprachig), 1985, S. 42
5. Alle folgenden Voltaire-Zitate nach Voltaire. Erzählungen, Insel Verlag/ Leipzig, 1924
6. Alle Kant-Zitate nach der zehnbändigen Ausgabe von W. Weischedel, Darmstadt, 1968, Band 6 und Band 1
7. Zitiert nach: Gebete der Menschheit, insel taschenbuch 238, Düsseldorf/Köln, 1977, S. 177
8. Zitiert nach Ingeborg Bachmann, Sämtliche Gedichte, Piper Serie, München Zürich, S. 146
9. Köln 1995, S. 27
10. Friedenspreis des Deutschen Buchhandels 1994, Jorge Semprun, Danksprache, Frankfurt/M.
11. Marc Aurel, Selbstbetrachtungen, Reclam 1241, Stuttgart, 1997
12. Michel de Montaigne, Essais. Erste moderne Gesamtübersetzung von Hans Stilett, Frankfurt/M., 1998
13. Bertha von Suttner, Lebenserinnerungen, Berlin (DDR), 1970
14. Zitiert nach: Internet dadalos-d.org/deutsch/Menschenrechte/Grundkurs_MR3/Frauen, abgerufen 19.3.2021
15. Nietzsche Werke in drei Bänden, hg. von Karl Schlechta, Stuttgart, 1966, Bd. 2, 333

16 Karl Löwith in: Vorträge und Abhandlungen. Zur Kritik der christlichen Überlieferung, Stuttgart, 1966
17 Diktate über Sterben und Tod. Mit der Totenrede von Max Frisch, München und Zürich, 2005, S. 63; von Walter Jens zitiert in: Walter Jens/Hans Küng, Menschenwürdig sterben. Ein Plädoyer für Selbstverantwortung, München/Zürich, 1995, S. 113
18 Reclam, S. 31
19 https://hpd.de/artikel/grosse-harari-verwirrung-14664, abgerufen am 12.08.2021

Abbildungsverzeichnis

S. 21 Caspar David Friedrich, *Der Mönch am Meer*. Alte Nationalgalerie, NG 9/85, https://commons.wikimedia.org/wiki/File:Caspar_David_Friedrich_-_Der_M%C3%B6nch_am_Meer_-_Google_Art_Project.jpg

S. 27 Pieter Bruegel, *Landschaft mit Sturz des Ikarus*. Royal Museums of Fine Arts of Belgium, 4030, https://commons.wikimedia.org/wiki/File:Bruegel,_Pieter_de_Oude_-_De_val_van_icarus_-_hi_res.jpg

S. 35 Ein Freund des Autors am „Stein des guten Glücks" neben Goethes Gartenhaus im Park an der Ilm. © der Fotografie: Joachim Kahl

S. 51 Edvard Munch, *Der Schrei*. National Museum of Art, Architecture and Design, NG.M.00939, https://commons.wikimedia.org/wiki/File:Edvard_Munch,_1893,_The_Scream,_oil,_tempera_and_pastel_on_cardboard,_91_x_73_cm,_National_Gallery_of_Norway.jpg

S. 69 Bertha von Suttner. Fotografie von Carl Prietzner, 1906. Stadtchronik Wien, Verlag Christian Brandstädter, https://commons.wikimedia.org/wiki/File:Bertha-von-Suttner-1906.jpg (Ausschnitt)

S. 72 Olympe de Gouges. Gemälde von Alexander Kucharsky, 18. Jahrhundert, https://commons.wikimedia.org/wiki/File:Olympe_de_Gouges.png

S. 76 Fritz Bauer. Fritz Bauer Institut / A. Mergen, https://www.fritz-bauer-institut.de/fileadmin/editorial/publikationen/einsicht/einsicht-05.pdf, hier: https://commons.wikimedia.org/wiki/File:Generalstaatsanwalt_Fritz_Bauer.jpg

S. 80 Nelson Mandela. South Africa The Good News / www.sagoodnews.co.za, 13. Mai 2008, https://commons.wikimedia.org/wiki/File:Nelson_Mandela-2008_(edit)_(cropped).jpg

S. 107 Albrecht Dürer, *Selbstportrait als Akt*. Schloss Weimar, KK 106, https://commons.wikimedia.org/wiki/File:Nude_self-portrait_by_Albrecht_D%C3%BCrer.jpg

S. 115 Frida Kahlo, *Die gebrochene Säule*. 1944, Frida Kahlo/Museo Dolores Olmedo, http://www.tate.org.uk/whats-on/tate-modern/exhibition/frida-kahlo/frida-kahlo-room-guide/frida-kahlo-room-guide-room-11, hier: https://commons.wikimedia.org/wiki/File:Mostra_di_Frida_Kahlo_al_Mudec_di_Milano_3_maggio_2018_(21)_(cropped).jpg?uselang=de (Ausschnitt)

S. 121 Tizian, *Venus mit einem Spiegel*. 1555. National Gallery of Art, Andrew W. Mellon Collection, https://commons.wikimedia.org/wiki/File:Titian_-_Venus_with_a_Mirror_-_WGA22904.jpg

S. 127 Max Beckmann, *Odysseus und Kalypso*. 1943. Hamburger Kunsthalle, HK-2887, bpk © VG Bild-Kunst, Foto: Elke Walford

S. 135 Max Ernst, *Die Jungfrau züchtigt das Jesuskind vor drei Zeugen: André Breton, Paul Éluard und dem Maler*. 1926. © VG Bild-Kunst 1998